이슬람 문화

—그 밑바탕을 이루는 것—

이즈쓰 도시히코 지음 | 조영렬 옮김

AK

일러두기

1. 이 책은 국립국어원 외래어 표기법에 따라 외국 지명과 외국인 인명을 표기하였다.

2. 본문 중, 역자 주로 표기된 것 외에는 모두 저자의 주석이다.
   *역자 주
   예) 카르발라의 비극(수니파 칼리프 야지드 1세가 이라크의 카르발라에서 시아파 3대 이맘 후세인 이븐 알리와 추종자들을 몰살한 사건-역자 주)

3. 서적 제목은 겹낫표(『 』)로 표시하였으며, 그 외 인용, 강조, 생각 등은 따옴표를 사용하였다.
   *서적 제목
   예) 『베다』, 『구약성경』, 『이슬람의 탄생』

4. 원서에서 인용한 『코란』은 이즈쓰 도시히코의 『코란コラン』(이와나미서점, 1957)이며, 이 책에서는 '/' 뒤에 한국어판 김용선 『코란』(명문당, 2002)의 해당 절을 병기했다.

5. 이 책은 산돌과 Noto Sans 서체를 이용하여 제작되었다.

머리말

'이슬람 문화 - 그 밑바탕을 이루는 것'이라는 제목으로 세 장에 걸쳐 기술하고자 한다. 특별히 '밑바탕을 이루는 것'이라는 부제를 덧붙인 이유는 교과서나 개설서같이 이슬람 문화 전체를 두루 훑으며 설명하는 것이 아니라, 하나의 문화 구조체로서 이슬람 문명의 가장 특징적이라 생각되는 지점, 즉 이슬람 문화를 다른 문화와 구별하고 참으로 이슬람적으로 만드는 것 몇 가지를 추려 그것에 대해 심도 있게 생각해보기 위함이다. 그렇다 해도 물론 이슬람 문화의 근본적 특징을 남김없이 전부 논할 수는 없다. 능력의 한계도 있을뿐더러 한 권의 책으로는 매우 부족하다. 다만 이슬람 문화를 그것답게 만드는 요소 가운데 특히 두드러진 몇 가지를 들어 그것을 함께 살펴보고자 한다. 그리고 그런 작업을 통해 누구라도 금방 알 수 있는 이슬람 문화의 표면적 모습이 아니라 내면의 깊숙한 곳, 그 밑바닥에 숨어 있는 정신 혹은 본질적인 부분이라 할 수 있는, 일반적으로 간단히 알아차릴 수 없는 문화적 에너지의 원천이라 할 만한 것을 얼마간 파악할 수 있기를 바란다.

그다음으로 왜 우리가 지금 이슬람에 대해 생각하고 이슬람에 대해 말해야만 하는가, 혹은 그렇게 하는 것이 대체 무슨 의미가 있는가 하는 의문이 있는데, 특히 이슬람처럼 우리의 생활에 절실한 관련이 있는 문화권에 대해서 생각하고 말하고 그리고 그것을 연구하는 일은 두 가지 측면에서 그 현대적 의의를 이해할 수 있다고 생각한다.

하나는 말할 것도 없이 시국, 국제 정세상의 의의이다. 이슬람이 우리에게 시국적으로 의미가 있다는 것은 참으로 현재적인 상황이다. 여기서 특히 '현재적'이라고 말하는 것은 우리가 얼마 전까지 이슬람권, 혹은 중근동中近東 (리비아에서 아프가니스탄까지, 즉 북아프리카와 서아시아를 가리킴 - 역자 주)의 정세에 대해서 시국적으로도 이렇다 할 관심을 기울이지 않았던 실정을 염두에 두고 하는 말이다. 서구는 십자군 이래, 특히 근대 식민지 시대를 지나오며 오랜 기간 중근동과 애증이 뒤얽힌 세월을 보냈지만 이 점에서 우리는 완전히 다르다. 물론 아랍·이스라엘 분쟁이 우리들의 주의를 끌기는 했으나, 그래도 여전히 우리 대다수에게 중근동 사태는 '남의 일'에 불과했다. 우리가 이슬람 문화권에 대해서 진지하게 시국적 태도를 취한 것은 근래의 일이다.

이른바 '오일 쇼크'(1973년 제4차 중동전쟁 때와 1978년 이란 혁명 때, 원유 가격이 급등해 세계경제가 크게 영향을 받은 일 - 역자 주)를 비롯해 호메이니의 이란 혁명, 인질 문제, 이어서 이란·이라크 전쟁 등 중근동에서 잇따라 일어난 사건은 어느 것이나 우리의 정치·외교, 그리고 무엇보다도 경제생활에 직결되는 중대사였고 당연히 우리들은 시국적인 관심을 갖게 됐다.

특히 최근 방대한 양의 정보가 들어왔다. 중근동의 사건, 사태, 국면에 대해서 이 정도 양의 정보가 쌓이고 그것이 의미하는 것과 시사하는 것을 생각하지 않을 수 없는 상황이 되고 보니, 아무래도 표면적인 사건만이 아니라 그 밑바탕에 '이슬람'이 있음을 보게 됐다. 이슬람이라는 종교의 특수성, 문화의 성격, 교도들의 유형학적 인간성, 요컨대 이슬람이란 무엇인가 하는 것이 막연하게나마 다가왔다. 시국적 지식의 집적이라고는 해도 역시 거기에서 이슬람의 본질을 볼 수 있게 된 것이다.

우리의 일상생활 구석구석까지 연결된 절박한 문제, 즉 연료 자원이 얽혀 있는 만큼 이해하는 방식에도 어떤 독특한 절실함이 생겨난다. 더구나 우리는 우리의 입장에서 사태를 보기 때문에 지금까지 해온 것처럼 서구 사람들이 이해한 것을 대강 간접적으로 파악하는 것이 아니라, 이제까지 누구도 알아차리지 못한 이슬람의 새로운 국면까지 파악할 수 있게 된 것도 당연한 일이다. 이러한 시국적 지식을 통한 이해도 이슬람을 아는 매우 유효한 방식이라고 생각한다. 그러나 안타깝게도 나는 이 측면에서는, 제공할 만한 그 어떤 정보도 갖고 있지 않다. 현재 중근동의 여러 나라와의 통상무역에 직접 종사하고 있는 사람들이나 언론의 제일선에서 활약하고 있는 사람들이 나하고는 비교도 안 될 참신하고 정확한 정보를 많이 갖고 있을 터이고, 또한 그것을 분석하는 두뇌의 예리함에서도 내가 도저히 따라갈 수 없을 것이다.

그러나 이슬람 문화의 현대적 의의는 이것과 다른 제2의 의미도 있을 수 있다고 생각한다. 그것은 세계화가 급격히 진행되고 있는 현재의 상황에서 이슬람 문화를 어떠한 눈으로 보고 어떠한 태도로 응할 것인가 하는 점, 그리고 또 그러한 것을 가능하게 하기 위해서 이슬람을 어떤 식으로 이해해야 하는가 하는 점이다.

최근에 '입만 열면 세계화'라는 현대 지식인의 풍조를 가차 없이 조롱하는 태도들이 보인다. 누구나 세계화라는 말을 입에 올리며, 모두가 지구촌이니 세계인이니 국제 교류니 하며 소리 높여 주장하고 있는데, 그런 것을 말하거나 생각하면서 기분을 내는 사이에 우리가 제 뿌리를 잃어버리고 있는 것은 아닌가 하는 것이 그러한 태도를 취하는 사람들의 논지이다.

확실히 그러한 위험이 없는 것은 아니지만, 우리들이 진지하게 현대를 살아가려면 국제사회를 배경으로 삼지 않고서는 생존에 관한 중요한 문제 중 무엇 하나 해결할 수 없는 시대에 살고 있는 것 또한 사실이다. 이것이 우리들의 상황이다. 우리가 실존의 심층을 탐구해 찾아낸 자신의 뿌리를 현실 상황 속에서 현대적 형태로 전개해갈 수 없다면, 시체를 껴안고 있는 것과 조금도 다를 것이 없다. 그리고 지금의 현실 상황이란 바로 국제사회, 지구촌이라는 상태라고 나는 생각한다. 우리와 이슬람의 관계를 언급할 때에도 그것을 인간이 처한 이러한 현대적 상황에서 떼어내 생각할 수는 없다. 본론에 들어가기 전에 이 점을 여기에서 좀 더 생각해보려 한다.

인류 전체가 지구적 규모로 통일화를 향한 길을 걷고 있다는 것은 지금 누구에게나 명확한 사실이다. 그것 자체의 옳고 그름은 별도의 문제라 치고, 최근의 자연과학과 기술의 진보는 전 세계를 과학기술 문명의 흐름으로 끌어들였다. 지구상의 모든 민족, 모든 사람들이 그 물결에 올라타 이른바 '지구촌'을 향해 매진해가는 것이 인류의 현재 상황이다. 인류의 존재 방식을 미래지향적 견지에서 생각하려는 사람들 사이에 '글로벌Global'이라는 형용사가 자주 사용되고 있는 것은 결코 우연이 아니라고 생각한다. '지구촌'은 더 이상 유토피아나 몽상이 아니다. 오히려 그것이야말로 우리가 직면한 모든 심각한 문제를 고려하고 인류나 세계의 미래상을 그릴 때, 우리 사고의 좌표축을 이루고 있다.

다양한 민족이나 국민이 완전히 자립해 서로 관계를 맺지 않고 존재하는, 또는 존재할 수 있는 시대는 끝났다.

'영광스러운 고립'은 이미 과거의 말이다. 세계의 하늘을 뒤덮고 있는 커뮤니케이션의 그물이 지구상의 모든 지점을 정보를 통해 하나로 묶는다. 그것만이 아니라 존재의 측면에서도 모든 것이 서로 유기적으로 연결돼 긴밀하게 의존관계를 맺는 통일체, 그것이 현시점에서 인간이 존재하는 보편적 형태인 것이다. 참으로 화엄철학에서 말하는 사사무애법계事事無碍法界의 풍광이라 할 만하다. 지구 위의 어느 구석진 곳에서 일어나는 일도 결코 그것만 독립적으로 일어날 수는 없다. 예를 들어 이란에서 일어난 사건, 아랍 세계의 동향이 그대로 우리 생활에 직접 영향을 끼친다. 중근동은 우리가 지금 살고 있는 현실 그 자체 안에 뒤얽혀 있다.

이런 의미에서 사람들은 흔히 "세계가 좁아졌다"고 말한다. 대단히 좁아진 이 세계 공간에 각기 다른 문화 전통을 이어온 많은 민족이 뒤섞여 아옹다옹 살고 있다 보니당연히 이런저런 어려운 문제가 세계적 규모로 발생하고있다. 인류는 좋든 싫든 경제적, 정치적, 종교적, 이데올로기적 마찰이나 충돌, 투쟁에 휘말려들고 만다. 간단히 말해 이문화異文化 간의 대립과 격돌, 칼 포퍼Karl R. Popper가 말한 '문화적 틀'의 대립이다. 거기에서 필연적으로 생겨나는 인류의 문화적 위기를 우리들은 현재 몸소 경험하는 중이다.

포퍼는, 각 문화는 그것 없이는 독자적 문화로서 자기를 유지할 수 없는 구조적 틀을 본래부터 갖고 있다고 말한다. 그리고 이 틀은 사고, 감정, 행동에 대한 몇 가지 중요한 범주로 구성된 내적 구조체이며 그것이 그 문화의 성원들이 사물을 생각하는 방식, 느끼는 방식, 행동하는 방식을 미리 결정한다고 했다. 또한 그렇기 때문에 당연히 이 문화적 틀이 제시하는 범주적 결정선에서 벗어나는 것은 그 문화 공동체에 속한 사람들에게는 매우 곤란한, 아니 차라리 불가능한 일이며, 만약 감히 그런 사람이 있다면 즉각 그 문화에서 소외당하고 이방인 취급을 당하며 심한 경우에는 반역자로 간주돼 처단당하기도 한다고 했다.

앞으로 나는 이슬람을 이러한 의미에서의 '문화적 틀'로서 서술할 작정이기에 지금 말한 내용도 조금 더 구체적인 형태로 이해할 수 있으리라 생각한다. 그리고 그것이 앞서 언급한 지구촌 형성 과정에 있는 세계 현상 그 자체라는 것은 말할 나위도 없다.

문화적 틀 사이에 토머스 쿤Thomas S. Kuhn이 말한 '불가공약성不可共約性'이 필연적으로 성립하는 이상, 좁은 세계 공간 안에 수없이 많은 다른 문화가 공존한다는 사실이 인간 존재를 얼마만큼 심각한 위기로 이끌어갈 것인가는 상상조차 할 수 없을 정도이다. 인류의 장래를 위협하고, 전 인류 문화를 파멸로 이끌지 모를 위기가 존재하는 것이다. 하지만 '결코 위기만 존재하는 것은 아니다'라고 포퍼는 덧붙이고 있다. 이문화의 충돌에서 발생할 수 있는 위험은 의심할 나위 없이 크지만 동시에 그것은 문화적 창조성의 원천일 수도 있다고 했다. 사실 그러고 보면 이제까지 완전히 남남이었던 두 개의 이문화가 어떤 원인 때문에 갑자기 만나고 대립하고 격렬하게 투쟁하는 관계에 들어간 경우, 거기에서 빚어지는 이상한 긴장 속에서 적어도 어느 한쪽이 새로운 문화 가치를 창조적으로 탄생시키는 것에 성공한 사례를 우리는 인류 역사에서 여럿 알고 있다. 아시아 문화를 만난 고대 그리스 문화가 그 두드러진 사례이며, 실크로드를 통한 고대 중국 문화와 인도 문화의 관계도 그러하고, 우리에게 좀 더 가까운 것으로서 메이지 유신 이래 서양 문화를 섭취해 제 것으로 소화해온 일본

문화의 발자취도 그것의 좋은 사례이다. 이슬람 문화 역시 지중해, 이란, 인도, 아프리카 등의 문화적 틀이 접촉하는 과정에서 창조적 에너지가 작동해 생겨난 산물이다.

포퍼는 일반적으로 문화적 틀에 내재하는 거대한 창조적 에너지에 대해 말한 적이 있다. 어느 하나의 문화적 틀이 그것만으로 독립해서 존재하는 동안에는 이 에너지가 쉽게 밖으로 드러나지 않지만, 그것이 일단 다른 문화적 틀과 격돌할 경우 갑자기 비상한 힘을 발휘하며 분출되는 경우가 있다고 말한다. 다만 이때 폭발되는 에너지를 참으로 창조적으로 살릴 수 있느냐 없느냐는 오로지 당사자, 접촉 관계에 들어간 두 개의 문화적 틀의 쌍방 혹은 일방의 담당자가 지닌 능력에 달려 있다고 했다.

완전히 다른 두 개의 전통적 문화의 가치 체계가 격돌해 일어나는 문화적 위기. 그 격동적인 긴박감 속에서 대립하는 두 개의 문화(혹은 그중 하나)는 비로소 스스로를 다른 틀의 견지에서 비판적으로 보는 방법에 대해 배우는 것이다. 거기에서 생각지도 못했던 관점이 생겨나고, 새로운 지적 지평에 대한 전망이 열리며, 그것을 통해 자기를 넘고 상대방을 넘어, 나아가서는 자기와 상대의 대립마저 뛰어넘어 더욱 높은 차원으로 도약할 수 있게 된다. 이른바 한스 가다머Hans G. Gadamer가 말하는 '지평융합Horizont-verschmelzung'이 일어나는 것이다. 최근 다방면에서 화제가 되는 이문화 간의 대화 또한 요컨대 지금 말한 새롭고 차원 높은 문화 구조가 변증법적으로 탄생하는 쪽을 향한 두 개의 다른 문화 틀이 대립하는 과정에서 촉발된 창조성의 문제로 귀착되는 것이라고 생각한다.

일찍이 우리(일본- 역자 주)는 중국 문화와 창조적으로 대결해 독자적인 문화를 확립했고, 또한 서구 문화와도 창조적으로 대결해 자신을 근대화하는 데 성공했다. 지금은 중근동이라는 광대한 아시아적 세계의 기초를 이루는 이슬람 문화에 대해 다시 한 번 문화적 틀의 대결을 벌여야 하는 새로운 상황에 들어선 것은 아닐까?

돌이켜 반성해보면 예전의 우리는 이슬람에 대해 학문적으로도, 또한 상식적으로도 너무 무관심했다. 인도, 티베트, 중국을 연구하는 분야에서 이룬 학문적인 성과가 같은 아시아에 속한 이슬람 문화권에 대해서는 거의 없다. 참으로 이슬람힉이리고 할 만한 것은 존재하지 않는다. 불교학, 티베트학을 말하는 것과 동등한 자격, 동등한 수

준에서 이슬람학을 말할 수 없는 것이다. 그리고 학문이 그러한 상태이다 보니 일반인이 교양으로 이슬람을 이해하고 있는 수준 역시 서구의 일반적 지식인이 이슬람을 이해하고 있는 것과 비교할 수준이 되지 못하는 것은 오히려 당연한 일인지도 모른다. 요컨대 이슬람은 예전부터 우리 대다수에게 진지한 관심거리가 아니었다는 말이다. 그것이 우리의 실상이다.

하지만 도도한 시대의 흐름, 저항하기 어려운 국제화 경향은 이슬람을 그러한 무관심 속에 방치해두는 것을 더 이상 허락하지 않도록 우리를 다그치고 있다. 지구는 급격히 하나의 운명 공동체를 형성하고 있다. 따라서 우리가 차지하는 위치, 우리가 맡아야 할 역할이 우리뿐만 아니라 세계인들의 관심사가 되고 있다. 이러한 현시점에 우리들은 국제사회 속에서 이슬람 문화와 맺는 관계에 대해 지금까지와는 달리 진지하게 생각하지 않으면 안 된다. 왜냐하면 이슬람이 국제사회의 형성 과정에서 결정적인 요인의 하나로 강력하게 작동하고 있기 때문이다. 지금까지처럼 이슬람은 우리와 무관하다고 간단히 정리할 수 없는 사태가 우리 주변에서 현실화되고 있는 것이다.

지금까지 이슬람은 우리에게, 말하자면 완전한 타인이었다. 그런데 그 이슬람이 역사적 현실로 급격히 다가오고 있다. 현재 우리에게 중국 문화나 서구 문화 그리고 인도 문화도 어느 정도까지는 익숙히 보아온 이웃이다. 그에 반해 이슬람은 우리들에게 문자 그대로 이방인 문화이다. 이슬람이란 대체 무엇인가. 이슬람교도(무슬림)라는 사람들은 무엇을 어떻게 생각하는가, 그들은 어떠한 상황에서 무엇에 어떻게 반응하는가, 이슬람이란 문화는 어떤 본질 구조를 갖고 있는가, 우리들은 이것을 정확히 파악해야 한다. 그것을 분명하게 주체적으로 소화하지 못하는 한 이슬람을 포함한 다원적 국제사회를 구체적 형태로 구상하거나 언급하는 일은 불가능하기 때문이다. 이슬람이라는 종교의 성격, 이슬람이라는 문화의 구조를 근원적인 형태로 파악하고 나서야 비로소 이슬람은 우리가 세계를 의식하는 좌표축의 구성 요소로서 우리들 안에서 창조적으로 기능할 수 있게 될 것이다.

대강 이러한 관점에서 우리는 이슬람 문화의 틀과 새로이 만나는 길을 생각해야 할 것이다.

목차

제1장
종교

서문에서 밝혔듯이 나는 이슬람 문화를 '이슬람적' 문화로 틀 지우는 근원적인 곳까지 파고들려 하는데, 그러기 위해서 이슬람 문화의 중요한 점 세 가지를 골랐다. 이 장에서는 첫 번째로 이슬람 문화의 종교적 기반을 다룬다.

누구나 인지하다시피 이슬람은 이제 단순한 종교가 아니라 세계를 좌우할 만한 힘을 가진 하나의 정치 세력으로, 그리고 또 그것을 뒷받침할 세계적 경제 세력으로 우리들 앞에 등장했다. 우리는 시국적 관심에서 그 움직임을 하나하나 주시하고 있다. 그러나 본래, 혹은 근원적으로 이슬람은 누가 뭐라 해도 어디까지나 종교이고 하나의 특성 있는 신앙 체계이다. 이란 혁명은 실로 의미 있는 형태로 우리에게 그것을 깨닫게 한다. 종교적 기반 위에 성립된 매우 특이한 문화 구조체, 문화적 틀의 측면에서 이슬람 문화의 밑바탕에 깔려 있는 것을 이제부터 살펴보려 한다.

*

우선 이슬람 문화의 국제적 성격, 국제성에서 이야기를 시작하기로 한다.

이슬람 문화의 국제성, 이것은 이슬람이 퍼져 있는 지리적 범위만 생각해도 금방 알 수 있다. 여러분은 사라센 제국이라든지 사라센 문명이라는 말을 들은 적이 있을 것이다. 인도 서부에서 중앙아시아, 중동을 거쳐 이베리아반도, 북서아프리카에 이르는 광대한 지역에 퍼져 번성했던 세계적 문명인 사라센 대제국, 그 사라센 대제국의 종교와 그것이 낳은 문화, 이것을 간단히 아라비아인의 종교와 문화라고 치부하는 것은 불가능하다. 하물며 아라비아 사막에 시야를 한정해버린다면 이슬람을 근본적으로 오해할 우려가 있다.

보통 이슬람이라고 하면 바로 사막을 생각하며, 이슬람을 사막에 사는 사람들의 종교사상으로 유형화한다. '사막'이라는 말의 의미를 파악하는 방법, 혹은 느끼는 방법에도 여러 가지가 있겠지만 사안은 그렇게 간단하지 않다. 전체적으로 사막의 풍토 안에서 나고 자란 종교라는 막연한 의미에서라면 이슬람은 확실히 사막 종교인지도 모른다. 그러나 조금 더 엄밀하게 생각하면, 이슬람은 그 기원에서부터 아라비아 사막에 사는 사람들의 종교는 아니었다.

여기서 '사막인沙漠人'이라 함은, 구체적으로는 한 장소에 정주하지 않고 아득한 사막을 끊임없이 이동하면서 유목 생활을 하는 이른바 베두인Bedouin족을 가리키는 것인데, 이슬람을 일으킨 예언자 무함마드(마호메트라고도 하지만 무함마드가 정확한 발음이다)는 붓다가 불교의 시조, 예수가 기독교의 시조인 것과 같은 의미에서 이슬람교의 시조이지만, 이 사람은 결코 지금 말한 것과 같은 '사막인'이 아니었다. 그는 상인이었다. 메카와 메디나(정확하게 발음하면 맛카Makkah와 마디나Madinah)라는 당시 아라비아 제일의 국제 상업 도시에서 활약한 상인이며, 다방면에서 상업적 재능을 발휘한 사람이었다. 나중에 좀 더 자세히 설명하겠지만 같은 아라비아인이라 하더라도 사막 유목민과 도시 상인은 사고방식, 생활 감정, 생활 원리가 전혀 다르다. 예언자 무함마드는 사막인이기는커녕 사막인이 가장 소중히 여긴 사막인의 가치 체계에 정면으로 충돌하고 대항하며 그것과 격렬하게 투쟁해 이슬람이라는 종교를 구축한 사람이다. 『코란』 속에는 그 투쟁하는 모습이 생생하게 그려져 있다. 예언자 무함마드는 전형적인 유목 부족인 베두인에 대해 참으로 뿌리 깊은 불신을 품고 있었다. "아무리 이슬람을 수용하고 형식적으로 교도가 됐더라도 그들을 쉽게 믿어서는 안 된다"며 그는 자기를 따르는 사람들에게 늘 경고했다. '여차하면 언제라도 태도를 바꿔 우리를 배반할 인간'이라는 것이다. "너희(이슬람교도) 주변에 있는 베두인들 가운데에는 겉으로만 신자처럼 보이는 자들이 많다"고 『코란』은 분명하게 말한다(9장 102절/101절). 또한 "사막의 유목민은 다른 아랍 민족보다 무신앙과 위선이 훨씬 심하고, 게다가 신께서 사도(무함마드)에게 계시로 내리신 율법을 이해하는 게 더디다"라는 구절도 있다(9장 98절/97절). 무함마드가 사막인을 어떤 시선으로 보았는지 이것만으로도 잘 알 수 있다.

무함마드가 태어나고 예언자로 일어섰던 장소, 메카라는 도시는 예부터 해상무역으로 유명한 남아라비아를 비롯해 비잔틴 제국 지배를 받던 시리아, 거기에 이란 계통의 사산 왕조가 지배하던 이라크와 상업적으로 긴밀하게 관세를 맺은 국제무역외 중심지였으며, 특히 남아라비아의 예멘과 시리아 사이에 있어 동서무역의 중계지로서 중요한 역할을 하던 곳이다. 훗날 그는 메디나에서 강하고 견고한 공동체 종교로서 이슬람을 확립하는데, 이 메디나라는 도시 또한 두드러진 상업도시였고 유대인이 많이 살고 있어 유대색이 짙은 곳이었으며 금융업의 중심지였다.

성전『코란』이 상인의 언어, 상업용 표현으로 가득 차 있다는 사실도 매우 시사적이다. 인간이 이 세상에서 행하는 선하거나 악한 행위들을 '(돈)벌이'라고 생각한 것 등이 그 전형적인 예이다.

종교를 장난이나 농담쯤으로 여기며, 이 세상에 정신을 빼앗긴 사람들 따위는 상관 말고 내버려두어라. 자기가 '벌어들인 것'이 화근이 돼 인간이 파멸될 수 있다는 사실을 모두가 알게 하라. … 결국 그런 사람들은 자기가 '벌어들인' 대가로 빠져나갈 수 없는 파멸의 길로 기어들어간다는 것을, 믿음을 저버린 제 행위의 죄값으로 (지옥에 떨어져) 펄펄 끓는 물을 마시는 고통스러운 징계를 받으리라는 것을…. (6:69/70)

보다시피 여기서는 사람이 되풀이해 저지르는 배신행

위를 부정한 장사 수단으로 벌어들인 돈에 비유하고 있다. 요컨대 『코란』에서는 종교도 신을 상대로 하는 거래 관계, 즉 장사이다.

참으로 신은 (하늘의) 낙원이라는 대금을 치르고, 신자들에게서 그들의 몸과 재산을 모두 사들이셨다. … 이것이야말로 율법(토라)과 복음과 코란에 분명하게 기록된 신의 계약. 신보다 더 계약을 충실히 이행하는 자가 어디에 있으리. 그렇다면 너희들, 그러한 분을 상대로 이 거래를 맺은 것을 감사하게 생각하라. 참으로 더할 나위 없는 복이 아닌가? (9:111)

그러므로 신의 명령을 외경하며 신명을 바쳐 선행에 힘쓰는 것을 『코란』에서는 인간이 신에게 돈을 갚는 것으로 비유한 것이다.

누군가 신에게 멋지게 돈을 빌려줄 자는 없는가? 나중에 그것을 몇 배로 받을 수 있을 것이다. 신은 그 손을 오므리는 것도 펴는 것도 마음대로 하신다. (2:246/245)

'손을 오므린다'는 말은 지갑을 여미며 돈을 내기 아까워하는 것이고, '손을 편다'는 말은 반대로 기분 좋게 돈을 내는 것이다. 이른바 신의 은총이 금전으로 형상화된 것이 재미있다. 그뿐 아니라 엄숙한 최후의 심판일마저 상인의 언어로 그린다. 물론 말만 그런 것이 아니다. 사고방식 자체가 상인의 그것이다.

하나하나의 혼이 각기 제가 (현세에서) 벌어들인 만큼 착실히 지불을 받으며, 부당하게 받는 일 따위 전혀 없는 그 날. (3:24/25)

(이 세상에서 신앙을 등진 사람들은) 신께서 모처럼 이끌어주신 것을 날려버리고, 그 대금으로 미망을 사들인 사람들. 하지만 그들도 이 장사에서는 손해를 보았다. 예측이 완전히 빗나가 돈벌이를 놓쳤다. (2:15)

이와 비슷한 예는 『코란』 곳곳에 있어 일일이 열거하자면 끝이 없다. 아무튼 여기서 강조하고 싶은 것은 이러한 표현법, 이러한 사고방식이 완전히 도시 상인의 그것이라는 점이다. 사막인은 결코 이러한 언어를 쓰지 않으며 이런 방식으로 생각하지 않는다. 이렇게 이슬람은 처음부터 사막인, 즉 사막 유목민의 세계관이나 존재 감각의 소산이 아니라 장사꾼의 종교로서 상업 거래에서 계약이 차지하는 중요성을 분명히 의식해 서로의 신의와 성의를 최우선으로 여기고, 절대로 거짓말을 하지 않으며, 약속한 것은 반드시 이행하는 것을 무엇보다 중시하는 상인의 도덕을 반영한 종교였다. 또한 그와 동시에 예부터 전해 내려오는 생활 관습을 절대적으로 존중해 거기에서 나온 단순한 생활방식을 지키며 이것저것 복잡한 생각을 하지 않고 생활하는 것이 가능한 사막의 베두인과 달리, 도시의 복잡한 인간관계 속에서 시시각각 변화하는 상황에 민감하게 적응해 인생의 패배자가 되지 않기 위해 끊임없이 머리를 굴려야 했던, 활력 넘치고 현실적인 장사꾼의 심성을 반영하는 종교이기도 했다.

상업의 중심지라고 해도 어쨌든 메카와 메디나는 아라비아의 한복판에 있고, 사막의 풍토에 둘러싸인 오아시스이다. 이러한 메카·메디나에서조차 이슬람이 사막인의 정신적 산물이기는커녕 거꾸로 그것에 정면으로 대립하는 것이었다면, '사막인의 심성'이라는 척도 따위로 그 뒤 역사적으로 발전을 거듭한 이슬람 문화를 잴 수 없는 것은 어쩌면 당연한 일일 터이다.

익히 아는 대로 이슬람은 예언자 무함마드가 세상을 떠난 뒤 광대한 고대 오리엔트 문명 지역에 급속도로 퍼져 나간다. 아라비아에서 탄생한 이슬람이 그리스 문화가 번창한 풍요로운 지중해 세계의 한가운데로 뛰어든 것이다. 그것이 바로 후기 그리스, 이른바 헬레니즘 세계이다. 밝고 지성적인 고전 그리스의 정신적 유산은 물론이고, 거기에 헬레니즘 특유의 어둡고 그윽한 문화의 저류底流를 이뤘던 그노시스 주의, 헤르메스 주의, 신플라톤 주의 등 비교적秘教的esoteric인 조류가 한꺼번에 흘러들어와 이슬람 문화의 지중해적 성격이라고 부를 만한 것이 형성된다.

또한 이슬람 문화는 이란에서는 옛날부터 있었던 조로아스터교의 '빛과 어둠의 이원론', 인도에서는 저 태고부터 내려온 오랜 전통과 복잡한 구조를 지닌 바라문 문화, 그리고 인도 서북부와 중앙아시아에서는 대승불교와 만난다. 더구나 아라비아반도에서 처음 탄생한 순간부터 이슬람은 기독교, 유대교와 밀접한(우호적인 혹은 적대적인) 관계에 있었다.

　이와 같이 생각해보면 이슬람 문화라는 것은 사막 문화라고 간단하게 유형화할 수 있는 대상이 아니라, 각종 다양한 문화 전통이 섞여 들고 뒤얽혀 수없이 많은 교차점들이 그물망처럼 펼쳐진 가운데 형성돼 그 내부 구조가 매우 복잡한 국제적 문화라는 것을 알 수 있다. 이 국제적 문화가 얼마나 복잡하며 그 내부 구성이 얼마나 많은 모순으로 가득 차 있는지를 이해하려면, 이 문화의 가장 중요한 역사적 담당자였던 아랍인과 이란인을 함께 생각해보는 것이 좋다. 아랍과 이란(페르시아), 문자 그대로 이슬람 문화를 대표하는 이 두 민족은 모든 점에서 대조적이다. 그 세계관, 인생관을 비롯해 존재 감각, 사유 형식 등 아랍과 이란 사람은 정반대 성격을 보이는 경우가 많다. 이것은 세 장으로 구성된 본서의 테마에서 중요 부분을 이룰 텐데, 읽다 보면 점차 이해되리라 생각하기에 지금 여기서는 구체적으로 기술하지 않겠다. 어쨌든 현재 시점에서 이슬람 문화의 현재를 일별해보자면, 아랍을 대표하는 수니파(소위 정통파) 이슬람과 이란을 대표하는 시아파 이슬람은 그

둘이 같은 이슬람이라는 것이 의심스러울 만큼 근본적으로 다르다.

이슬람 문화는 이렇게 복잡하고 다양한 요소를 포함하고 있기는 하지만, 그럼에도 전 세계의 이슬람교도는 자신들이 하나의 공동체라는 자각을 갖고 있다. 그리고 사실, 객관적으로 이슬람은 하나이다. 얼핏 보면 잡다한 요소의 집합체처럼 보이는 이슬람 문화를 하나의 유기적 문화 구조체로 만들어주는 무엇인가가 존재하기 때문이다. 이슬람 문화를 궁극적으로 하나의 문화로 만드는 통일 요소야말로 종교로서 혹은 신앙으로서의 이슬람이며, 그 밑바탕에서 모든 것을 통일하고 있는 단 한 권의 책이 바로 『코란』이다.

성전 『코란』, 예언자 무함마드가 신의 계시를 받아 신의 말을 기록해 성립됐다는 한 권의 책이다. 무릇 이슬람적인 것 모두가 이 한곳에 집약되고 모든 것이 이 한 점에서 출발하는, 말 그대로 이슬람의 원점이다. 역사적으로 국제적 문화 구조체로서 자신을 형성한 이슬람이 아무리 복잡한 양상을 띠더라도 이슬람 문화는 궁극적으로는 『코란』의 자기 전개이다.

그런데 지금 '궁극적'이라고 한 이 단어에는 조금 특별한 의미가 있다. 왜냐하면 이슬람의 원칙인 『코란』이라는 서적은 예언자 무함마드가 계시받은 신의 언어를 그대로 기록한 것으로 분명 이슬람의 유일무이한 최고 성전으로 치지만, 실은 이것과 더불어 「하디스」라는 것이 있다. 하디스Hadith는 보통 전승傳承, 혹은 '거룩한'이라는 수식어를 붙여 '거룩한 전승'이라 번역한다. 간단히 말하자면 「하디스」란 예언자 무함마드의 언행록, 즉 그가 언제 어떤 경우에 무슨 말을 했다거나 말하지 않았다, 혹은 어떤 행동을 했다거나 하지 않았다는 것을 그 자리에 같이 있었던 사람이 직접 목격하고 들은 대로 보고한 기록이 후세에 전해진 것이다. 예언자가 죽은 뒤 전문가들이 열심히 수집하고 편찬한 「하디스」는 실제로 『코란』과 거의 비슷한 정도로 신성시돼 사실상 제2의 성전인 셈이다.

이슬람법학의 4대 학파 중에 샤피파라는 것이 있다. 이 샤피파의 시조인 샤피Shāfiʿī라는 학자는 서기 8세기부터 9세기에 걸쳐 활동했던 매우 뛰어난 인물로 이슬람 문화 형성에 절대적으로 기여해 지금까지도 그 영향력을 행사하는 사람인데, 그는 『코란』을 신의 제1계시, 「하디스」를 신의 제2계시라 불렀다. 그렇다면 더 이상 왈가왈부할 것 없이 「하디스」는 성전이다.

「하디스」를 이와 같이 여겨 『코란』과 아울러 그 전체를 성전으로 간주하면, 이슬람의 성전은 『코란』을 중핵으로 하고 「하디스」를 주변 영역으로 삼아 아주 크게 확장된다. 이 주변부는 중심부에 있는 『코란』을 보충·보강하고 부연하며 확장하는 역할을 맡는 것이지만, 「하디스」가 성립된 것은 예언자 무함마드가 죽은 뒤의 일이기 때문에 사정 여하에 따라 얼마든지 위조할 수 있었다. 따라서 무함마드가 실제로 하지 않은 말이 그의 말로 세상에 퍼졌다. 물론 진실도 많지만 위조가 훨씬 많았다. 참된 것과 꾸며진 것이 뒤섞인 수많은 「하디스」가 『코란』 주위를 열 겹 스무 겹으로 둘러싸고 있어, 한가운데에 있는 『코란』은 그 프리즘을 통해서 종종 여러 의미로 갈라져 해석된다. 좀 전에 이슬람 문화는 궁극적으로 『코란』의 자기 전개라고 말했지만, 실은 많은 경우 이러한 프리즘을 통과한, 말하자면 이차적이며 간접적인 전개였던 것이다. 이러한 사태는 이슬람 문화가 형성되는 과정에서 무한한 가능성과 유연한 적응 능력을 가져다주기도 했지만, 동시에 그것이 이슬람에게 매우 위험한 요소였다는 사실 또한 부정할 수 없다.

「하디스」에 대해서는 다음 장에 이슬람법의 성립을 설명할 때 다룰 것이다. 또한 이 시점에서 「하디스」까지 들어가면 본연의 주제를 이해하기 어려워질 수 있기 때문에 여기서는 성전『코란』에 국한해 이야기를 진행하기로 한다. 게다가 이슬람에게 절대적으로 중요한 것은 뭐니 뭐니 해도 역시『코란』이다. 이슬람교도에게는 끊임없이『코란』을 읽는 것이 종교적 의무이다. 모두가 밤낮으로 그것을 접하고 있으니, 가령 「하디스」라는 프리즘을 통과한 경우라도 결국은『코란』, 즉 모든 것이 신의 말에 귀착되며, 이런 의미에서는『코란』만이 이슬람의 진정한 근원이라 해야 할 것이다.

그런데『코란』을 이슬람 문화의 원천으로 간주할 때, 우선 주의해야 할 점은 그것이 언어라는 사실이다. 신의 말이라 해도 어쨌든 언어임에 분명하다. 좀 더 구체적으로는 서기 7세기의 아라비아어, 더구나 예언자 무함마드가 속해 있었던 메카의 명문 부족 쿠라이시Quraysh족이 실제로 썼던 방언이다.

그런데 모든 말은 그것이 신의 말이든 인간의 말이든 이해되지 않으면 그 본래의 기능을 완수할 수 없다. 그리고 언어를 이해한다는 것은 해석하는 행위이다. 이슬람교도가『코란』을 읽는다, 읽어서 의미를 이해한다는 것은 이미『코란』이라는 언어 텍스트를 사람이 해석하는 것이다. 설령 그 텍스트가 신의 말이라 해도 해석하는 것은 인간의 몫이다. 신도가 신의 말을 읽고 무엇인가를 인간적으로 이해하는 작업이다. 따라서 주어진 텍스트는 하나이더라도, 그것을 이해하고 해석하는 방식은 당연히 사람에 따라 다를 터이다. 인간의 마음이 주관하는 텍스트 해석을 규제하는 일은 대단히 어렵다. 결국『코란』이라는 텍스트를 어떻게 읽느냐는 각각의 자유이므로 생각하는 방향에 따라 어떻게도 해석할 수 있다.『코란』을 해석하는 이 본래적 자유가 결국 이슬람 문화 특유의 다양성, 다층성의 원천이다.

하지만 그 해석들이 아무리 다르다 하더라도 전부『코란』이라는 동일 텍스트의 해석이며, 궁극적으로는『코란』으로 통일된다. 이런 의미에서 이슬람 문화는『코란』을 바탕으로 삼고, 그것을 해석학적으로 전개하는 과정에서 성립된 문화라고 해도 과언이 아니다. 해석학Hermeneutik이라 하면 뭔가 거창한 말 같지만, 사실 이것이야말로 이슬람을 근본적으로 이해하는 데 가장 중요하다. 이슬람 문화 전체의 종교적 핵심, 그것은 바로 『코란』의 해석학 이외의 그 어떤 것도 아니기 때문이다. 『코란』이 이슬람에서 얼마나 중요한가 하는 것은 누구나 알고 있지만, 그 중요성은 단순히 그것이 이슬람 신자에게 소중한 신의 말이며, 귀중한 성전이라는 그런 차원에서 끝나는 것이 아니다. 무릇 모든 이슬람적인 것이 다름 아닌 『코란』 해석학에서 나온다. 그 점에서 『코란』은 다른 무엇과도 비교할 수 없는 중요성을 갖는 것이다. 우리가 보통 이슬람 문화의 구성요소라고 말하는 것은, 학문을 비롯해 도덕, 정치, 법률, 예술 할 것 없이 모두 『코란』의 해석학적 전개 양상에 불과하다.

그러고 보면 물론 고대 인도의 바라문 문화도 결국은 『베다』라는 근본 성전의 해석에 기초한 문화이고, 불교도 경, 즉 붓다의 말씀이라고 전승되는 것의 해석을 기초로 삼아 문화가 성립됐듯, 일반적으로 성전이라든가 경전이라 부르는 것을 출발점으로 삼은 종교 문화가 성립되는 과정에는 반드시 해석학적 원리가 작용하고 있다. 그러나 그렇다고는 해도, 이슬람의 경우는 다른 종교와 매우 다른 점이 있다. 첫째, 『코란』에서는 처음부터 끝까지 신 혼자서, 물론 예언자의 입을 통해서지만, 직접 언어로 말한다. 신의 저서라고 하면 이상할 수도 있지만, 말하자면 그러한 것으로 완전히 단일하게 구성된 성전이다. 다른 종교의 성전을 보면 예를 들어 『베다』의 경우 네 개의 독립된 유파의 『베다』가 있고 내용, 성질, 성립 과정도 서로 다르다. 불교의 경우 실로 방대한 수와 양에 이르는 경전 모두를 원칙적으로 부처님의 말이라고 하지만, 주지하다시피 사실 그 대부분은 후세의 불교도들이 붓다의 사상이라며 자기가 이해한 것을 붓다에게 가탁해 표현한 것으로, 이미 경전이 성립된 그 시점에서 복잡한 해석학적 조작 과정을 거친다. 그리고 성경, 『구약성경』의 경우 소위 '모세 오경'만 보더라도 자료적으로 각기 다른 계통의 전승이 후세의 유대 학자들 손에서 편집돼 형성된 것이다. 또한 『신약성경』의 '복음서'도 네 가지 다른 전승이고, 게다가 「사도행전」이라든지 「바울서신」 역시 얼핏 보기에도 다층적 구조로 이뤄져 있다. 이에 비해 『코란』은 신의 말만을 그대로 직접 기록한 성전으로 완전히 단층적 구조이다. 이처럼 단일하게 구성된 책이 다양한 방향으로 해석되고, 그것이 이슬람 문화를 낳았다는 데 그 큰 특징이 있다.

그리고 또 하나, 지금 말한 것보다 더욱 중요한 특징은 성전 해석학의 원리가 다른 경우와는 비교할 수 없을 만큼 큰 규모로 조직적, 의식적으로 적용됐다는 점이다. 그 결과 공사를 막론하고 인간 생활의 안팎 구석구석에 이르는 일체의 영역을 전면적으로 아우르는 거대한 『코란』 해석학 문화가 형성됐다.

이슬람은 『코란』 자체의 가르침에 기초하고, 원칙적으로 성聖과 속俗의 구별을 두지 않는다. 물론 이슬람은 하나의 종교이고 이슬람 문화는 본래적으로 종교 문화이지만, 여기에서 '종교'라는 말이 의미하는 것은 우리가 상식적으로 이해하고 있는 것과 매우 다르다. 보통 '종교'라고 하면 우리는 곧 '신성神聖'이라는 단어를 떠올린다. 공간적으로는 예컨대 법당 같은 성역 따위, 즉 인간의 일상적이고 세속적인 생활이 영위되는 장소와 화연히 구별되는 특별하고 신성한 곳이며, 시간적으로도 신들의 시간과 인간의 시간, 성스러운 역사의 흐름과 속된 역사의 흐름이 구별된다. 존재 자체가 성스러운 차원과 속된 차원으로 분명하게 이분되는 이른바 신의 나라와 인간의 나라로 구별되는 것이다. 그렇지만 이슬람이라는 종교는 존재에 대해 성스러운 영역과 속된 영역을 적어도 원칙적으로는 전혀 구별하지 않는다. 이슬람에서 종교는 성스러운 것이지만, 존재의 신성한 영역과 같이 어떤 특수한 차원에 관계된 것이 아니고, 보통의 사고방식으로 말하자면 세속적이며 속세간俗世間적이라고 해야 할 인간 생활의 일상다반사까지를 종교의 범위에 집어넣는다. 우리는 예를 들어 장례식이나 법사法事 등은 스님에게 맡기지만 일상의 평범한 일은 제 마음대로 한다. 그러나 이슬람은 그렇지 않다. 생활 전부가 종교이다. 이것은 곧 인간 생활의 세속적 부분까지 전부 『코란』의 텍스트 해석에 달려 있음을 의미한다. 물론 정치나 법률도 마찬가지이다.

기독교는 세속국가와 교회를 확실히 구분하는 성속이원론이지만, 이슬람은 이 점에서 기독교와 완전히 다르다. "내 왕국은 이 세상의 것이 아니다", "가이샤의 것은 가이샤에게, 하느님의 것은 하느님에게"라고 말한 예수의 말을 근거로 기독교는 저 장대하고 화려한 중세 교회제도를 구축했지만, 이슬람은 이것과 완전히 다른 독자적인 길을 걷는다. 기독교 교회조직으로 대표되는, 특수한 종교적 존재 영역을 거룩하게 구별하는 대신 존재 전체를 몽땅 그대로 종교적 세계로 보았다. 만약 그래도 여전히 성과 속을 구분해서 말하고 싶다면, 이슬람이 보는 세계는 '성스러운 것'이 일체에 스며든, 혹은 스며들어야만 하는 세계로 묘사할 도리밖에 없겠다.

그러므로 이슬람에게 종교는 인간의 일상생활과 다른, 무엇인가 특별한 차원의 존재에 관련된 어떤 것이 아니다. 인간 생활의 모든 국면이 근본적, 궁극적으로 종교에 연관되는 것이다. 개개인 각자의 실존도, 가정생활도, 사회에서 공적으로 타인과 맺는 관계도 그러하다. 개인, 가족, 사회, 민족, 국가 등 무릇 인간이 현실에 생존하는 모든 곳에 반드시 종교가 있다. 그리고 이렇게 인간 존재의 모든 국면을 통해서 시종일관 『코란』에 드러난 신의 의지를 실현해가는 것, 그것이 이슬람이 보는 종교 생활이다.

1939년 당시 이집트 아즈할대학의 총장은 정치 문제에 관한 어떤 연설 중에 이렇게 단언했다. "기독교는 '하느님의 것은 하느님에게, 가이샤의 것은 가이샤에게'라는 말을 금과옥조로 여기지만, 이슬람에게 그 말은 완전히 무의미하다." 그는 이슬람에게 정치 또한 종교라고 주장한 것이다.

성속聖俗을 분리하지 않는 이슬람의 이러한 태도는 종교와 정치, 종교와 법률관계를 다룰 다음 장의 주제와 깊이 연관돼 있으므로 그때 다시 자세히 다루겠다. 여기서는 다만 인간 존재에 관해 성속의 두 영역을 일절 구별하지 않는 태도가 이슬람 문화의『코란』해석학적 성격과 매우 밀접하게 연관돼 있다는 사실을 지적하는 선에서 멈추기로 하겠다.

이슬람 문화는『코란』이라는 텍스트의 해석과 떼려야 뗄 수 없는 관계를 맺고 있다. 이슬람교도가 역사적으로『코란』의 문장이나 어구를 어떤 차원에서 어떻게 해석했는가, 그리고 그것을 어떤 형태로 실천에 옮기고 제도화했는가 하는 과정이 요컨대 이슬람 문화의 형성사이다.

이미 언급한 바와 같이, 말을 해석하는 것은 의외로 큰 자유가 있는 작업이어서 주어진 하나의 단어나 문장은 그것을 해석하는 사람의 성향이나 사상, 감정에 따라 놀라울 정도로 다양한 의미로 해석된다. 때로는 정반대의 의미가 되기도 하고, 좀 더 극단적인 경우에는 주어진 말을 가지고 제멋대로 해석해 어떤 의미든 뽑아낼 수 있다. 이것은 매우 위험스러운 일로『코란』해석에 전면적으로 의존하는 이슬람 문화가 애초부터 지니고 있던 근원적인 위험성이다.『코란』이라는 단 하나의 성전이 있고 모든 것이 거기에서 나온다. 근원이 하나이고, 더구나 그것이 신의 말이라는 움직일 수 없는 절대성을 갖기 때문에 거기에서 나온 것도 하나일 거라 생각하면 큰 오산이다. 해석 방법에 따라 무엇이 나올지 알 수가 없다.

신의 말을 해석하는 방법 때문에 자신이 죽고 난 뒤 이슬람은 사분오열될 것이라고 예언자 무함마드는 믿고 있었다. 그것은「하디스」에 확실하게 전해지고 있으며, 모두가 흔히 인용하는 유명한「하디스」구절이다. 그리고 과연 그의 생각대로 됐다. 현재 이란을 둘러싸고 벌어지는 수니파 이슬람과 시아파 이슬람의 격렬한 대립도 그 구체적인 사례 중의 하나이다. 결국『코란』의 독해 방법,『코란』의 해석 방식이 근본적으로 달라서 생긴 대립인 것이다.

예언자 무함마드가 죽은 뒤, 그의 뒤를 이은 이슬람 공동체 지도자들도 이것이 원인이 돼 이슬람이 내부 분열을 일으키고 본래 있어야 할 통일성을 잃지 않을까 매우 염려했다. 특히 제2대 칼리프였던 오마르는 『코란』 해석을 극도로 꺼린 것으로 유명하다.

이 오마르라는 사람은 완력이 아주 강하고 비할 바 없이 난폭하다고 알려진 야인野人이었지만, 한편으로는 청렴결백하고 정직한 사람으로 매우 뛰어난 정치가이기도 했다.

그가 정치를 맡고 있을 때, 당시 이슬람 중심도시였던 메디나에 이븐 사비그Ibn Sabigh라는 남자가 살고 있었다. 『코란』의 자구 해석에 관한 한 당대 제일이라 평가받던 사람으로 특히 『코란』의 난해한 곳을 자유자재로 해석하는 능력이 있었다. 그 발군의 재능과 학식 때문에 그를 존경하는 많은 사람들이 그의 집에 드나들며 가르침을 청했다고 한다. 지금으로 치면 세상의 존경을 한 몸에 받는 뛰어난 학자인데, 칼리프 오마르는 바로 그 재능 때문에 그를 사갈蛇蝎처럼 미워해, 그를 잡아들여 심한 태형에 처했다. 그러기를 여러 차례 되풀이해 결국에는 이븐 사비그의 등이 혹처럼 부풀어 올랐다고 한다. 뒤에 그는 고향인 이라크의 바스라로 추방당했는데, 그때 오마르는 바스라 총독에게 은밀히 친서를 보내 '이 사내가 절대 사람들과 교제하지 못하도록 엄중히 단속하라'고 명령했다고 전해진다. 『코란』을 해석하는 일에 그만큼 심각한 위험을 감지하고 있었다는 말일 것이다.

그러나 아랍어로 쓰인 성전을 아라비아인 또는 아라비아어를 아는 사람들에게 의미를 이해하지 말고 읽으라고 하는 것은 애초부터 무리한 일이었다. 더구나 『코란』이라는 한 권의 책에 신의 의지가 직접 표명돼 있다면, 신도인 자들은 다른 무엇보다도 그것을 이해해야 한다. 그렇지 않으면 신을 올바르게 믿는 것조차 불가능하기 때문이다. 과연 예언자 무함마드가 예감하고 칼리프 오마르가 두려워한 것처럼 사람들은 너도나도 『코란』을 해석하기 시작했다. 그리고 『코란』 해석에 바탕을 둔 이슬람 또한 사분오열되기 시작했다.

그러나 다행스럽게도 이슬람은 여전히 그 본원적인 내적 통일성을 잃지는 않았다. 그렇게 된 데는 몇 가지 이유가 있는데, 그중에서도 가장 중요하게 기능한 것은 무엇보

다도 모든 이슬람교도가 신의 계시에 기초한 '하나의' 신
앙 공동체에 속해 있다는 강렬한 연대의식이었다.

근대에 들어서면서 이슬람 세계는 여러 독립국으로 갈
라지고, 각 나라에서 민족주의가 일어나 서로 격렬하게 대
립하고 투쟁하게 된다. 이것이 현재 이슬람 세계의 모습
이다. 이렇게 분열된 모습을 보면, 이슬람 공동체의 통일
성 따위는 이제 흔적조차 남지 않고 사라진 것 아닌가 하
는 인상을 받을지도 모르지만 사실은 그렇게 단순하지 않
다. 이슬람교도로서의 자각이 있는 한 그들 마음 깊은 곳
에는 여전히 하나의 이슬람, 전 세계의 무슬림(이슬람교도)
은 하나라는 연대의식이 숨어 있다. 게다가 그것은 실로
강렬하고 정열적인 연대감이다.

매년 한 번 메카를 순례하는 광경이 그 사실을 여실히
보여준다. 이교도를 배제하고 오직 무슬림만이 신전 카바
ka'bah를 순례하는 일로, 세계 각국에서 하나의 신앙으로
연결된 사람들이 모여든다. 이슬람은 하나라는 강렬한 감
개가 사람들의 가슴에 되살아나 그들을 열광적인 통일감
에 빠뜨린다. 이 정열적인 연대감 속에서 개개인 스스로
무슬림이라는 사실을 자각하고 또 서로 확인한다. 메카

순례는 바로 이슬람의 통일성을 확인하는 제전인 것이다.

앞에서 언급한 이슬람 '공동체'를 아라비아어로 움마 ummah라 하며 이것은 종교, 문화로서의 이슬람을 파악하는 데 매우 중요한 개념이다. 이에 관해서는 다시 상세히 다루겠다. 다만 코란 해석학이 이슬람 문화 성립의 원점이라는, 지금 우리가 다루고 있는 주제와 관련해서 특별히 여기서 밝히고 싶은 것은 이 공동체(움마)라는 개념도, 그 통일성의 개념도 모두『코란』이라는 텍스트에서 직접 나왔다는 사실이다. 이슬람 공동체의 본원적 통일성이 역사적으로는 이단선고異端宣告라는 강력한 제도를 통해 지탱됐고, 그 제도 역시『코란』의 해석에서 직접 나왔다는 것은 어떤 의미에서 매우 불행한 일이다.

일반적으로 언어 텍스트 해석이 얼마만큼 자유롭든 거기에는 한계가 있고 허용되는 범위가 있다. 더구나 그 텍스트가 '성전'『코란』이라면, 일체의 해석을 막는 것은 불가능하더라도 어쨌든 그 범위를 좁히려는 운동이 일어난 것은 당연한 일이다. 그것이 이슬람 역사에서는 이단선고라는 형태로 아주 초기부터 나타났다. 너무 지나치게 해석해 허용 범위를 벗어났을 경우, 공동체의 통일에 책임이 있는 지도자들이 『코란』의 권위를 빌려 단호하게 즉시 이단선고를 하고 공동체에서 추방해버린다. 여기에서 공동체의 질서 유지에 책임이 있는 지도자라 함은 『코란』에 정통한 울라마들을 가리킨다.

울라마ulamā라는 말은 이란 혁명 이래 꽤 익숙해진 말이라 생각하는데, 엄밀히 말하자면 오역이다. 울라마는 결코 학문을 닦는 승려나 성직자가 아니다. 앞에서도 말했고 나중에도 다시 자세히 말하겠지만, 원칙적으로 성스러운 영역과 속된 영역을 전혀 구별하지 않는 이슬람에서는 성직자 계급이 존재하지 않고 또 존재할 수도 없다. 따라서 울라마라는 특별한 신분이 이슬람 사회에 계층적으로 존재하는 것이 아니라, 울라마는 『코란』과 그것에 관련된 학문을 전문적으로 연구하는 사람을 가리킨다. 게다가 성속을 구별하지 않기 때문에 종교 연구의 권위자가 되면 좁은 의미에서의 종교나 신앙에 관한 일은 물론이고 사회, 정치, 법률, 풍속, 도덕 문제 등 인간의 온갖 일에 대해 『코란』의 이름 아래 판정을 내릴 수 있는 권위자가 된다.

이슬람의 긴 역사를 통해서 각 시대마다 울라마 중에도

특히 학식과 인덕이 뛰어난 일급 인물로 인정받은 사람들, 예를 들어 현재 이란에서 아야툴라āyatullāh(신의 증거)라는 칭호를 받는 권위자들이 자기 자신의『코란』해석에 비춰 어떤『코란』해석이 허용 범위를 넘었다고 판단하면 즉시 법적 절차를 밟아 이단선고를 내릴 수 있다. 아니, 선고할 의무가 있다고 말하는 편이 나을지 모르겠다. 이런 점에서 울라마의 정치적 권력은 참으로 절대적인 것이다. 일단 이단이라는 선고가 내려지면 그 순간부터 그 사람 혹은 그 집단은 완전히 이슬람 공동체에서 쫓겨나기 때문이다. 그렇게 되면 이슬람교도로서의 모든 권리를 박탈당하고, '이슬람의 적', 더 정확히 표현하면 '신의 적aduww allāh'이 돼버린다. '이슬람의 적'이 된 자에게 내리는 형벌은 사형과 재산 몰수이다. 이단선고를 받았다는 이유로 얼마나 많은 사람들이 형장의 이슬로 사라졌는지는 이루 헤아릴 수 없다. 특히 3장에서 말하게 될 '내면으로 향한 길'을 걸은 사람들은 끝없이 죽음의 위험에 몸을 맡긴 채 살아야 했다. 그 역사는 문자 그대로 피로 물든 역사이다.

그렇지만 반대로 보면, 이렇게 많은 사람들이 피를 흘리고 희생을 감수했기에 이슬람은 내부 분열을 거듭하면서도 여전히 근원적 통일성을 지켜낼 수 있었던 것이다. 자기 소멸에 이르기 쉬운 분열과 극단적 획일성을 강요하는 통일이 서로 모순되는, 그리고 매우 위험한 두 가지 경향 사이에서 팽팽한 균형을 유지하면서 이슬람은 광대한 고대 오리엔트 문명 세계 전 영역으로 뻗어나갔다. 그리고 각 시대, 각 지역에서 격렬하게 변동하는 상황에 유연하게 적응하면서 다양한 방향으로 전개됐고, 마침내 창조성으로 가득 찬 다층적 이슬람 문화 구조체로 발전해갈 수 있었다. 아이러니하게도 이슬람을 분열시킨 것도, 이슬람의 통일을 끝까지 지켜준 것도 결국『코란』이었다.

＊

지금까지 말한 것에서 알았겠지만, 요컨대 이슬람 문화는 전체적으로『코란』한 권을 해석하는 과정에서 나온 것이다. 하지만 이슬람 문화의 이 길고 복잡한 해석학적 전개의 원래 출발점, 그 첫걸음이라 해야 할 것은『코란』에 대한 순수한 종교적 해석이었다. 그러면『코란』의 일차적 해석을 통해 맨 처음에 성립된 종교적 차원에서의 이슬람은 원래 어떠한 성격을 지니고 있었는지, 그것을 이제부터 조금 설명하려 한다.

하지만 이슬람이라는 종교의 신앙 내용을 구체적으로 설명하기에는 지면이 매우 부족하고, 게다가 그 방면의 이야기는 대개의 이슬람 개론서에 쓰여 있기 때문에 여기서는 처음에 말한 대로 이 종교를 이슬람답게 만드는 것이라 여겨지는 몇 가지 특징을 설명하기로 한다. 다만 이슬람 정통파를 자임하는 수니파의 입장에서 보자면, 이슬람은 이슬람법, 즉 종교는 곧 법률이며, 이슬람법은 이슬람 공동체의 종교이기 때문에 다음 장에서 다룰 '공동체의 개념과 이슬람법의 본질적 성격'을 설명하고 나서야 종교로서의 이슬람의 전모를 해명할 수 있을 것이다. 그러므로 이제부터 할 이야기는 지면상의 제약이나 구조적인 이유 때문에 이슬람법 성립 이전의 일들을 다룬다고 보면 되겠다.

그런데 종교로서의 이슬람이라고 하면, 세계 3대 종교라는 말이 생각난다. 즉 기독교와 불교, 이슬람 세 가지 종교이다. 현대 세계의 3대 종교로 기독교와 불교와 이슬람을 드는 것은 이 세 종교가 차지하는 지역적 넓이나 그것을 믿는 민족의 수라는 점에서 보아 정한 것이겠지만 이슬람교도 자신, 즉 무슬림들은 그러나 이 세 가지를 동렬에 두지 않으리라 생각한다. 왜냐하면 셈족 사람들의 인격적 일신교와는 그 성격이 눈에 띄게 다른 불교가 그들의 눈에 종교로 보일지 조금은 의문스럽기 때문이다. 만약 이슬람교도가 이제까지 지상에 등장해 현재까지 지속되고 있는 세계적 대종교는 무엇이냐는 질문을 받으면 주저 없이 유대교, 기독교, 이슬람이라고 대답할 것이다. 사실 이슬람의 입장에서 보면, 이 세 가지는 한 계열의 종교이다. 유대교, 기독교, 이슬람은 인류 역사의 흐름 속에서는 세 가지 다른 형태로 나타나지만 근본적으로 같은 하나의 종교이다. 시대와 장소를 달리해 나타난 세 가지 역사적 종교의 밑바닥에는 똑같이 하나의 종교가 관통하며 흐르고 있으며, 역사적 제약을 벗겨내고 보면 완전히 동일한 '영원의 종교'이다.

'영원의 종교', 영원불변하는 종교al-dīn al-qayyim라는 말은 『코란』의 표현인데, 『코란』은 또 이것을 '아브라함의 종교'라고도 부른다. 역사를 넘어선, 혹은 역사 이전의 차원에 존재하는 '영원의 종교'가 있다. 그것이 역사적으로 다른 형태를 띠고 지상에 출현한다. 말하자면 형이상학적 종교 이념이다.

이 형이상학적 종교성은 실은 셈족의 일신교, 무에서 존재계를 만들어내고, 창조주의 자격으로 그것을 절대·무조건적으로 지배하는 살아 있는 신, 유일무이의 인격신 외에는 일체 다른 '신'을 인정하지 않는 전통에 기초한 종교 이념이고, 따라서 그것의 역사적 형태는 엄밀히 말하면 유대교, 기독교, 이슬람 세 가지에 국한되지 않는다. 셈족의 인격적 일신교(특히『구약』)를 인정하는 예언자가 일으킨 종교는 전부 '영원의 종교'의 역사적 현현顯現이다. '아브라함의 신, 이삭의 신, 야곱의 신'이 내린 계시를 성전으로 떠받드는 똑같은 하나의 종교이기 때문이다.

너희들(이슬람교도)이 외는 말, "우리들은 유일하고 절대적인 신(알라)을 믿습니다. 우리에게 계시된 것을 믿고, 아브라함과 이스마엘과 야곱과 이스라엘 열두 지파에게 계시된 것을 믿으며, 모세와 예수에게 준 것, 또한 모든 예언자들에게 신이 내려주신 것을 믿습니다. 예언자들 사이에 차별을 두지 않습니다. 우리는 신(알라)에게 귀의합니다." (2:130/136)

똑같은 '영원의 종교'임을 잊고 유대교도와 기독교도는 서로를 부인하며 싸우더니, 이제 '영원의 종교'의 새로운 역사적 형태로 출현한 이슬람에게도 싸움을 건다.

(유대교도와 기독교도에게) 이렇게 말하라. "너희들은 알라의 일로 우리(이슬람교도)와 말다툼하려는가? 본래부터 알라는 우리의 신이기도 하고, 또 너희들의 신이기도 하신 것을. … 우리가 정성을 다해 섬기는 분은 유일하며 절대적인 신 알라뿐이다."

그런데도 너희들은 "아브라함과 이스마엘과 이삭과 야곱과 (이스라엘의 열두) 지파는 모두 유대교도였다, 아니 기독교도였다"라고 말할 작정인가?

이렇게 대답해라. "대체 너희들이 알라보다 더 잘 안다고 말하는 것이냐? 알라께서 내리신 분명한 증거를 보면서도 그것을 감추는 자보다 더 나쁜 인간이 어디에 있겠느냐? 너희들이 하는 일을 알라께서 놓치지 않으실 것이다." (2:133134/139140)

이렇게 이제까지 지상에 나타난 예언자는 '영원의 종교'

를 대표하는 자로서 모두 같은 자격을 갖고 있다고 말한다. 또한 『코란』에 따르면, '영원의 종교'가 한 점의 불순물도 섞이지 않은 순수한 일신교로 실현된 것은 아브라함 시대라고 한다. 신이 세계를 창조한 이래 인류에게 나타난 모든 예언자 가운데 아브라함이야말로 순수한 일신교도로서 유대교도도 아니고 기독교도도 아닌, 절대적 일신교의 정신 그 자체를 체현한 자였다.

진정 아브라함은 유대교도도 아니며 기독교도도 아니었다. 그야말로 절대적 일신교를 믿은 사람, 순정純正한 신앙으로 산 사람이었다. 우상을 숭배한 부류가 아니었다.

(3:60/67)

"너희들도 유대교도가 되어라. 기독교도가 되어라. 그러면 바른 길로 갈 것이리라"라고 (유대교도나 기독교도가) 너희들(이슬람교도)에게 말한다. 대답해주어라. "우리들은 아브라함의 교의教義를 택할 것이다. 그야말로 절대적 일신교를 믿은 사람이었다. 우상을 숭배한 부류가 아니었다."

(2:129/135)

그 뒤 모세는 유대교로서, 다음에 예수는 기독교로서 '영원의 종교'를 두 가지 다른 역사적 형태로 실현시켰지만, 이슬람의 입장에서 본다면 안타깝게도 이 두 가지 종교는 저 '영원의 종교'를 원래의 순정한 형태대로 보존하지 못했다. 그것을 무함마드가 나타나서 원래의 본원적인 모습으로 되돌리려 했다는 것이다. 그것이 무함마드가 구상했던 이슬람의 존재 방식이므로, 이런 의미에서 본다면 이슬람은 결코 새로운 종교가 아니었다. 신흥 종교가 아니라 오히려 옛 종교, 영원한 옛 종교였다. 유대교와 기독교가 왜곡한 것을 전부 원래대로 되돌려 '아브라함의 종교'를 근원적이고 형이상적인 이념에 가장 가까운 순정한 형태로, 참으로 아브라함적인 모습으로 다시 세우려는 것이었다.

그렇다면 무함마드가 구상했던 '아브라함의 종교', 절대적 일신교의 가장 순정한 형태는 구체적으로 어떠한 것이었는가. 이제부터 그것을 이슬람 자신의 견지에서 조금 분석해보려 한다.

가능한 한 설명을 간단히 하기 위해『코란』이 말하는 '영원의 종교', 아브라함적 종교라는 것을 최대한 단순화해

도식화해보면, 그것은 신과 인간의 수직적 관계, 종적이며 인격적인 관계라고 생각할 수 있다. 한쪽 극단에 신이 있고, 다른 쪽 극단에 인간이 있다. 『코란』이 매우 자연스럽게 표상한 것을 옮기자면 신은 위, 인간은 아래이다. 신과 인간 사이에는 무한히 깊은 단절, 무한히 먼 거리가 존재한다. 인간 쪽에서 보면 신은 전혀 손이 미치지 않는 높은 곳에 있는 절대적 초월자이다. 그대로는 인간과 신 사이에 어떠한 연결고리도 없다. 그 연결고리는 신이 만드는데, 바로 '계시'라고 부르는 현상이다. 그것은 신이 직접 인간에게 말을 하는 것으로, 인간 가운데 어느 한 사람을 뽑아 예언자로 세우는 순간부터 시작된다. 이 예언자를 아라비아어로는 나비ː nabī(ː'를 장음부호로 쓰기로 한다. 일본어에서는 장음부호 ‘-’를 쓰지만 한국어에서는 쓰지 않는다. 독자의 이해를 돕기 위해 부호 ‘ː’로 표시했다. - 역자 주)라고 하며, 사람들은 그의 입을 통해 신의 말을 듣는다. 『구약성경』, 예를 들어 「아모스」 등에도 소위 예언자의 소명 체험이 나오는데(「아모스」 7장 14·15절), 예언자로 선택받아 예언자로 서는 체험이다.

헤브라이어로도 예언자를 나ː비ː nābhī라고 한다. 아라비아어의 나비와 의미가 같으며, 다만 '나비'의 '나'음이 장

모음인 점만 다르다. 두 단어의 공통 어근은 'NB'로, 나비:, 나:비:는 어원적으로 알리는 사람, 통보하는 사람이라는 의미이다. 우리가 보통 사용하는 '예언자'는 먼 미래 혹은 가까운 미래에 일어날 사건을 그것이 아직 일어나지 않았을 때 미리 예견하는 능력이 있는 사람을 의미하지만, 아라비아어의 '나비:'에는 그런 의미가 전혀 없다. 다만 받은 계시, 신이 말씀하신 것을 그대로 다른 인간들에게 알려주는 사람을 의미할 뿐이다. 신이 말한 대로 그 말을 주변 사람에게 알리는 특수한 역할을 맡은 사람을 가리키는 것이다.

헤아리기 어려운 신의 의지가 갑자기 섬광처럼 빛나며 예언자의 심층의식을 건드리고 언어화된다. 그것이 처음부터 아라비아어와 같은 인간 언어로 그의 귀에 들릴 경우에는 그대로 말하지만, 그렇지 않을 경우에는 그것을 인간의 언어로 해석해 말한다. 이렇게 그의 입에서 단편적으로 튀어나오는 신적 언어를 '계시'라고 부른다. 이 특이한 현상을 통해서 신의 의지가 언어 형태로 인간에게 전달되고, 그것을 통해서 인간과 신 사이에 일종의 인격적 관계가 성립된다.

이와 같이 성립된 예언자, 나비가 다시 어느 특정한 민족에게 파견돼 자신이 받은 신의 언어를 그 민족에게 전달하는 특별한 사명을 맡았을 때, 그 예언자를 신의 '사도 rasūl'라고 부른다. 라술이란 아라비아어로 사자使者라는 의미로, 예언자는 나비, 사도는 라술이다. 사도인 자는 이미 예언자여야 하지만, 모든 예언자가 반드시 사도인 것은 아니다. 계시를 받아 예언자가 되더라도 그대로 예언자로 끝나는 사람도 있다. 이슬람을 일으킨 무함마드는 예언자인 동시에 신의 사도이기도 하다는 점에서 모세나 예수와 완전히 같은 자격을 갖춘 자이다. 다만 무함마드는 그가 받은 계시가 아라비아어라는 점에 그 특수성이 있다. 아라비아어 계시를 신에게 받아 예언자가 되고, 다시 그것을 전해야 할 아라비아 민족에게, 나아가 인류 전체에게 신의 사도로서 파견된 사람, 그는 그러한 사람이었다. 약 20년에 걸쳐 단속적으로 무함마드에게 주어진 이 아라비아어 계시가 현재 우리들이 『코란』이라고 부르는 책의 내용이다.

이렇게 이슬람의 사유 방식에 따르면, 『코란』은 신의 의지가 직접적으로 언어화된 것, 혹은 신의 언어 그 자체이다. 요컨대 신이 인간에게 언어로 의사를 전달한 것이다. 이런 의미에서 『코란』은 본래 단절돼 건널 수 없는 신과 인간 사이를 이어주는 유일한 수단으로 신과 인간의 중간에 위치한다.

이 문제와 관련해서 반드시 주의해야 할 점이 있다. 인류를 창조한 최초의 순간부터 신은 이러한 예언자를 계속해서 세웠는데, 면면히 이어져 내려온 예언자 계열의 최종점에 이슬람 예언자 무함마드가 나타났다는 사실이다. 이슬람의 주장에 따르면 무함마드는 인류 역사에 나타난 최후의 예언자이며, 무함마드 자신도 그렇게 믿었다. 『코란』에 '최후의 예언자Khātam alnabīyīna'(33장 40절)라고 쓰여 있는 것이 그 증거이다. 지금까지 이어져온 예언자 계열은 그에게서 완전히 끝나고, 이제부터는 세상의 종말까지 인류에게 예언자는 나타나지 않는다. 신의 계시는 여기에서 끝났다고 여겼는데, 이 생각이 훗날 이슬람 사상사에서 큰 문제를 일으키게 된다. 왜냐하면 계시가 거기에서 끝나 더 이상 신의 말을 들을 수 없다는 것은 앞으로 어떠한 문제가 일어나도 그것에 대한 신의 판결을 직접적으로 알 길이 없게 된다는 매우 곤란한 문제가 발생하기 때문이다.

이 문제는 다음 장에서 이슬람법의 성립을 다룰 때 좀 더 자세히 이야기하겠다.

　아무튼 이슬람이라는 종교를 극단적으로 간단하게 도식화하면 『코란』(혹은 그것을 사람에게 전달하는 예언자)을 매개로 맺어진 신과 인간의 종적 관계, 수직적 관계가 된다. 내가 왜 여기에서 수직적 관계를 강조하느냐 하면, 나중에 이슬람법을 다룰 때는 횡적 관계가 중요하게 다뤄지기 때문이다. 그러나 그것은 다음 장의 화제이고, 지금은 신과 인간의 수직적 관계가 문제이다.

　이 종적 관계의 내적 구조와 성격은 그 양극을 이루는 신과 인간이 각각 어떠한 성질을 갖고 있다고 파악하느냐에 따라 결정된다. 다음 장에서 이슬람이 공동체 종교로 제도화되고 사회화되는 과정을 설명할 때는 주로 인간을 테마로 삼게 되기 때문에 이 장에서는 신에 관련된 사항만을 말하고자 한다.

*

『코란』에 그려진 신의 이름은 아시다시피 알라Allāh이다. 원래 일반적으로 신을 의미하는 ilāh라는 말에 정관사 al을 덧붙인 alilāh라는 말인데, 발음상 줄어들어 allāh가 된 것이다. 영어의 the god에 해당된다. 그러나 실제로 그 의미하는 바는 엄청나게 복잡하고 심원해질 수 있는 말이다.

이슬람의 신 알라는 무엇보다도 우선 살아 있는 인격신으로 자신을 드러낸다. '아브라함의 신, 이삭의 신, 야곱의 신'은 실상 인간이 그것과 나·너의 인격적 관계를 맺을 수 있는 신이지 철학자의 신은 아니다. 형이상적 절대자가 아닌 것이다. 고대 인도의 범梵(브라만, 존재의 비인격적이며 순수한 형이상적 근원으로서 절대적으로 실재하는 것) 같은 것과는 전혀 다른, 오히려 기독교나 유대교의 신과 같은 인격신이다. 이 살아 있는 인격신은 앞서 말한 대로 인간의 입장에서 보면 무한히 먼 초월적 신이지만, 신의 입장에서 보면 또한 인간에게 무한히 가까운 신, '사람 각자의 목에 있는 혈관보다 더 가까운(『코란』 50장 15절/16절)' 내재신內在神이기도 하다. 초월과 내재, 이러한 모순되는 성격을 갖고 인간과 관계하는 신이다. 또 그러한 모순되는 성격을 지닌 신이기 때문에 인간은 신앙을 통해서만 그와 인격적 관계에 들어갈 수 있다. 이렇게 성립된 인격적 관계 안에서 이슬람교도는 이제까지 한없이 소원했던 절대 초월신이 갑자기 친숙한 신으로 변모하는 체험을 하게 된다.

그러나 기독교와는 다르게 이슬람에서는 신과 인간의 친밀함은 부자 관계의 살가운 친밀함과 다르다고 생각한다. 이슬람에서는 누구도 신을 향해 "하늘에 계신 아버지"라고 하지 않는다. 신은 아버지가 아니며 또한 어떠한 의미에서도, 설령 비유에서라도 인간은 신의 아들이 될 수 없다. 인격적 관계라 하더라도 신은 어디까지나 주rabb, 주인, 절대적 권력을 지닌 지배자이다. 그리고 인간은 그의 노예'abd이다. 신과 인간의 인격관계는 어디까지나 주인과 노예의 관계인 것이다. 이처럼 인간을 신의 노예나 종이라 여기는 이슬람의 사고방식은 이슬람이라는 종교의 성격을 이해하는 데 매우 중요하다. 그것이 어떠한 종교적 의의를 갖고 있는지에 대해 나는 『이슬람의 탄생』을 비롯한 기타 저서 및 논문에서 자세히 다룬 적이 있다. 그러므로 여기에서는 이 문제를 깊이 다루지 않겠지만, 그래도 한마디 해두자면, 그것이 신에 대해 노예가 주인을 대하듯이 무엇이 어찌 되든 그저 오로지 상대가 생각하는 대로 하는 절대적인 타력 신앙의 태도를 의미한다는 사실과, 그것이 이슬람이라는 종교의 실존 체험의 중핵을 이룬다는 사실이다. 인간이 스스로 주체적으로 노력해서 자신을 구원하려고 하는, 이른바 자력 신앙의 태도는 전혀 성립할 여지가 없다.

이슬람islām이라는 말부터 아라비아어의 어원을 따져보면 '자기를 내맡김, 넘겨줌, 일체를 상대에게 맡기는 것'을 의미한다. 따라서 이슬람은 종교적으로 '절대 귀의' 이외의 다른 것이 될 수 없다. 그러므로 보통 이슬람 신자, 이슬람교도라는 의미로 쓰이는 '무슬림muslim'도 그 본래의 의미는 '절대 귀의자', 제 모든 것을 신에게 내맡긴 사람을 의미한다. 자기 자신의 의지나 의욕을 남김없이 버리고 모든 것을 신의 뜻에 맡겨 신이 어떻게 취급하든 감히 제호오好惡를 묻지 않는, 무조건적으로 신에게 귀의하고 의존하는 태도를 언제 어디서나 견지하는 사람을 가리킨다. 참고로 말하자면, muslim은 문법적으로는 islām과 같은 어근 SLM에서 파생돼 나온 말로, muslim과 islām의 차이는 전자가 능동분사형으로서 '절대적으로 귀의한 (사람)'이라는 의미라면 후자는 동명사형으로서 '절대적으로 귀의

하는 것'을 의미한다는 차이일 뿐이다.

이렇게 보면 이슬람은 그 명칭 자체부터 슐라이어마허 Friedrich D. E. Schleiermacher의 신앙에 대한 개념 정립을 땅에서 실행하는 종교라고 말할 수 있으리라는 생각이 든 다. 슐라이어마허는 18세기 후반에서 19세기까지에 걸 쳐 눈부시게 활약한 독일의 프로테스탄트 신학자인데, 그 가 일반적으로 종교됨의 근원을 '의존감정依存感情(Abhän-gigkeitsgefühl)'이라 정의한 것은 종교학사상 유명한 사실 이다. 이것은 예를 들어 선불교 등에는 전혀 들어맞지 않 는, 어떤 의미에서는 편파적인 개념이지만 이슬람의 경우 에는 딱 들어맞는다. 이슬람이야말로 보기에 따라서는 기 독교보다 더 순수하게 인간이 신에게 절대적으로 내맡기 는 것을 종교라 이해하고, 그렇게 이해한 그대로 자기 종 교를 '이슬람', '절대 귀의'라고 이름 붙인 것이다.

주가 그(아브라함)에게 "귀의하라"고 말씀하셨을 때, "삼가 귀의합니다, 만유의 주께"라고 그는 대답했다. 그리고 아 브라함은 이것(절대 귀의의 종교)을 지킬 것을 제 자손들에게 유언했고, 야곱 또한 (그를 따라서) "아들들아, 참으로 이 종교야말로 알라께서 너희를 위해 특별히 골라주신 것이니라. 그러니 너희들은 반드시 꼭 귀의자(무슬림)로 생을 마쳐야 할 것이다"라고 했다.   (2:125126/131132)

우리 주여, 바라건대 우리를 당신에게 귀의하는 신자로 만들어주소서.

또한 우리 자손을 당신에게 귀의하는 신앙 깊은 백성으로 만들어주소서.   (2:121/128)

이 두 번째 인용문도 실제 『코란』의 문맥에서는 아브라함이 말한 것으로 돼 있다. 여기에서 주목해야 할 것은 이슬람의 근본적 입장, 신에 대한 절대 귀의 혹은 절대 귀속을 진정한 종교라고 생각하는 입장이 '영원의 종교'를 대표하는 아브라함에게서 유래한다고 여긴다는 점이다. 이슬람은 이러한 절대 귀의를 노예와 주인이라는 인격적 관계를 통해서 상징적으로 표현한다.

이슬람의 신 알라의 두드러진 특징 중의 하나는 그 절대적 유일성이다.

너희들의 신은 유일한 신. 그 외에 신은 절대로 없다. 자비롭고 자애로운 신.   (2:158/163)

알라께서 말씀하시기를, "너희들은 두 신을 인정해서는 안 된다. 신은 오직 한 분. 그러니 너희들은 나만을 두려워하고 공경하라."   (16:53/51)

하늘에 있는 것, 땅에 있는 것 모두 알라에게 속하니, 알라에게 영원히 변치 않는 공손한 정성을 바쳐야 한다. 그런데도 알라 이외의 것을 두려워하고 공경하는가.

(16:54/52)

말하라, "이분이야말로 알라, 유일하신 분,
모든 사람이 의지하고 모시는 분.
자식도 없고 부모도 없고,
그분과 견줄 자 아무도 없으리."   (112)

알라는 유일무이, 그와 견줄 자는 아무도 없고 있을 수도 없다고 한다. 『코란』은 도처에서 절대적 유일신교를 선언하고 있어 일일이 나열하자면 한이 없다. 셈 민족 특유의 일신교 입장에서는 오히려 당연한 것인지도 모르지만, 이슬람은 실로 그 점에서 철저하다. 어떤 형태의 이원론이나 다원론이든 자그마한 낌새만 보이더라도 완전히 부정한다. 이슬람 이전의 아라비아 종교였던 다신교, 소위 우상숭배를 부정한 것은 말할 것도 없다.

이슬람이 출현하기 전의, 이슬람 역사가는 흔히 그것을 '무도無道 시대jāhilīyah'라고 부르는데, 아라비아반도는 우상숭배가 번창한 곳이었다. 각각의 부족은 모두 자기들의 신이 있었고, 그 신을 숭배하는 제의祭儀를 통해 각각 일정한 지역에 소속돼 있었다. 설령 표면적으로는 정처 없이 목초와 물을 찾아 사막을 떠돌아다니는 유목민(베두인)이었다 하더라도 말이다. 메카에 있는 카바 신전은 그러한 다수의 부족신을 믿는 지역적 신앙을 총괄하며 아랍의 모든 제의의 중심지로 군림하던 곳이었다. 무함마드가 이슬람 예언자로서 일신교를 내세우며 활동을 시작했을 무렵, 메카의 신전에는 부족의 지역신을 나타내는 신상이 수백 개가 넘었다고 한다.

그 신들 중에는 '알라의 딸들'이라 불리는 기묘한 여신도 있었다. 특히 알라트Allāt(알라의 여성형), 마나트Manāt, 우자Uzzā 세 여신은 매우 인기가 높아서 많은 사람들이 숭배했다. 그러나 당시 아랍에서는 남자아이를 낳는 것이 생의 보람이자 자랑이었고, 여자아이를 낳는 것은 더할 나위 없는 치욕이라 여기는 인생관이 일반적이었다. 이 사실을 논거로 삼아 『코란』은 "자기들에게 여자아이가 태어난 사실은 수치로 여기면서, 신에게 여자아이가 태어났다고 말할 작정인가"라며 여신 숭배 풍습의 어리석음을 통렬하게 야유했다.

자기들은 남자아이를 원한다. 그러나 신에게는 딸이 있다고 한다. 대체 그들은 신이 여자 천사를 만드는 것이라도 보았단 말인가? 아무 근거도 없는 헛소리 아닌가? 알라께서 아이를 낳으셨다니, 참으로 저질스러운 거짓을 늘어놓는 자들이다.

"알라께서 스스로 남자아이보다 여자아이를 선택하셨다는 말인가? 정말 대체 무슨 일인가? 무엇을 생각하고 있는가? 어서 제정신을 찾아야 하지 않겠는가? 아니면 분명한 증거라도 있는가? 자, 여기에 너희들의 경전을 내놓

아보라, 만약 너희들의 말이 거짓이 아니라면."

(37:149157)

그들은 알라에게 딸이 있다고 말한다. 얼마나 불경스러운 말인가! 자기들은 남자아이만을 바라는 주제에. 실제로 누구든 (태어난 아이가) 여자아이라는 소식을 들으면 금세 안색이 어두워지고 부아가 나며, 그 소식이 너무 싫어서 친구들로부터 몸을 감추어버린다.

(16:5960/5759)

여성이든 남성이든 그런 신들은 "파리 한 마리도 만들어내지 못하는(22장 72절/73절)" 무능한 우상이며, "알라를 제쳐두고, 다른 사신邪神들을 숭배하는 자들은, 요컨대 자기가 만들어낸 환상을 숭배하는 것에 불과하다(10장 67절/66절)"고 『코란』은 단언한다.

여기서 주목할 것은 이것과 완전히 같은 원리에 기초해 기독교의 삼위일체 교리를 격렬하게 공격한다는 점이다. 예수 그리스도를 신의 아들이라 여기는 기독교의 근본적 입장을 명백한 우상숭배로 간주한다. 물론 기독교 쪽에서는 니섯에 대해 할 말이 있을 테지만 이슬람의 태도는 가차 없다. '신이 아들을 낳았다'는 생각 자체가 엄청난 미망이라고 본다. 알라는 "자식도 없고 부모도 없고, 그분과 견줄 자 없는(112장)" 유일한 신이다. 어떤 의미에서든 그리스도의 신성은 결코 인정할 수 없다.

"마리아의 아들 메시아는 신"이라고 말하는 자가 있다. 이는 틀림없이 사교의 무리이다. (5:19/17)

"알라에게 아들이 있다"고 말하는 자가 있다. 아, 이 무슨 터무니없는 소리인가! 하늘과 땅 위의 모든 것을 소유하신 분이 아니신가. 모든 것이 알라께 순종의 뜻을 표하고 있지 않은가! (2:110/116)

그러므로 삼위일체론 따위가 성립할 리가 없다. 아버지와 아들과 성령, 이슬람에서는 기독교의 삼위일체를 신과 예수와 마리아의 삼위일체로 해석하지만, 삼위일체의 '3'을 어떻게 해석하든 그 수를 들고 나온 것 자체가 용서하기 힘든 모독이라고 생각한다. 기독교 본래의 해석에서든 이슬람적 해석에서든 그리스도 자체의 신성을 인정해야 삼위일체가 성립하는데, 이슬람은 그리스도의 신성을 결코 인정하지 않는다. 이슬람의 입장에서 보면, 신의 유일성에 이 정도로 상처를 입히는 행위는 결코 용납할 수 없다. 『코란』은 물론이고 일반적으로 이슬람 사상에 비춰 예수가 매우 중요한 기능을 했다고는 보지만, 그러나 그것은 신의 아들, 혹은 신으로서가 아니다. 만약 예수가 신의 아들이고 신이라면, 유일해야 할 신과 나란히 설 수 있는 또 하나의 신이 생겨버린다. 신이 둘이 돼버리는 것이다.

기독교 내부에 아리우스파라는 이단이 있는데, 그 아리우스파와 마찬가지로 이슬람에서는 그리스도를 인간으로 본다. 다만 보통의 인간과 조금 다르게, 혹은 근본적으로 다르게 보았다고 말할 수 있는데, 그것은 예수 그리스도가 무함마드와 같은 예언자이자 신의 사도였다는 의미에서다.

후대에 이슬람 신도들은 자신들의 종교를 일으킨 이슬람의 시조를 열정적으로 숭배해 차츰차츰 그를 신격화하고, 마침내는 다양한 전설로 그를 둘러싸 완전히 신적인 초인으로 변모시키지만, 무함마드 자신은 좀 더 단순하고 소박한 사람이었나. 그는 자신이 신성시되는 것을 극도로 혐오해 그것을 경계하며 늘 자신은 평범한 사람이며, "밥을 먹고 시장을 걸어 다니는(25장 8절/7절)" '보통 사람'이라는 사실을 강조했다. 또한 자신만 그런 게 아니라 이전에 이 세상에 나타난 신의 사도는 모두 보통 사람이었다고 말했다. 『코란』에는 신 자신이 무함마드에게 이렇게 분명히 말한 구절이 있다.

> 너 이전에 내(신)가 세상에 보낸 사도들도 모두 밥을 먹고 시장을 걸어 다녔다.　　　　　　　　(25:22/20)

신이 아닌 것은 물론 천사도 아닌, 기적조차 행하지 못하는 보통 남자이며, 그저 신의 계시를 받고 신이 이끄는 대로 사람들에게 경고하고, 또 기쁜 소식을 전하는 것을 사명으로 삼은 예언자이자 사도일 뿐이다.

> 나(무함마드)는 특별히 나 자신이 신의 보물을 맡고 있다고 말할 생각은 없다. 나는 보이지 않는 세계에 대해서는 아무것도 모른다. 또한 나는 나 자신이 천사라고 말하지

않는다. 나는 그저 계시가 이끄는 대로 걷고 행할 뿐이다.

(6:50)

그리고 예수 그리스도 역시 이 점에서는 자기와 완전히 같다고 무함마드는 말한다. 요컨대 앞에서 말한 '영원의 종교'의 전통에 면면히 이어져 내려온 예언자 계열에서 예수는 무함마드보다 앞서 활동했던 한 예언자에 불과하다. 근원을 따지자면 그저 보통 사람이고, 그 본성 속에 신적인 것은 전혀 없다. 『코란』 구절에도 있듯이 예수도, 그리고 그의 어머니 마리아도 모두 '밥을 먹고, 시장을 걷는' 사람이었다.

마리아의 아들 메시아는 단지 사도에 불과하다. 그 이전에도 사도는 몇 명이나 세상에 나타났었다. 또한 그의 어머니도 평범한, 매우 정직한 여자에 지나지 않았다. 어머니와 아들 모두 밥을 먹는 사람이었다.

(5:79/75)

'밥을 먹는 사람' 혹은 '밥을 먹고, 시장을 걷는 사람'이라는 말은 그 무렵 흔히 사용했던 표현으로, 초자연적인 것을 전혀 갖지 않은 사람, 신이나 천사의 요소가 없는 사람이라는 뜻이다. 말할 것도 없이 이러한 예수관 때문에 이슬람과 기독교는 첨예하게 대립했다. 이슬람의 철저한 절대 일신교적 성격은 이러한 형태로도 나타난다.

　끝으로 또 하나, 이슬람의 신 알라의 두드러진 특징 하나를 든다면 이 신이 갖는 절대적인 힘, 바로 전능성이다. 이슬람은 신과 인간의 관계에 대해 신을 주인이라 여기고 인간을 그 노예로 여긴다는 것은 이미 설명했는데, 거기에 이미 '신은 절대 유력有力, 인간은 절대 무력無力'이라는 이슬람의 근본적 사고방식이 명백하게 드러나 있다. 통상적인 종교적 표현을 써서 말하자면, 알라는 전능하다는 말이다. 신은 전능해 모든 것이 그의 뜻대로다. '신의 전능'은 『코란』의 처음부터 끝까지 전체를 관통하며 흐르는 가장 근본적인 테마여서 예를 드는 것이 오히려 벅찰 지경이다. 말하자면 『코란』 전편이 모두 그 사례이기 때문이다.
　알라는 유대교의 신, 기독교의 신과 마찬가지로 일체 만유有의 창조주, 모든 것을 무에서 창조한 신이다. 오직 '있으라!kun'라는 그 한마디로 어떤 것이라도 즉시 존재하게 하고, 무가 유로 변하게 한다.

우리(신)가 무엇이든 원한다면 오직 한마디, 여기에 "있으라"고 말하기만 하면 즉시 이루어진다.

(16:42/40)

물론 하늘과 땅도 신의 창조물이다. 무에서 만들어낸 천지를 원래의 무로 되돌리는 것도 그의 생각대로이다. 이런 일이 가능한 것은 신 외에는 없다.

(사신邪神을 숭배하는 무리들에게) 이렇게 말해주어라. "너희들이 믿는 우상신 가운데 누가 삼라만상을 창조하고, 또 그것을 원래대로 되돌릴 자가 있느냐?"
말해주어라. "오직 알라께서만 만유를 창조하시고, 그리고 또한 그것을 원래대로 되돌리신다. 그런데도 너희들은 어찌해 그렇게 삿된 길을 헤매고 있느냐?"

(10:35/34)

진정 알라야말로 너희들의 주이다. 하늘과 땅을 엿새 만에 만드시고 권좌에 올라, 낮을 밤으로 덮으시고 밤은 낮을 쉼 없이 좇게 하신다. 태양과 달과 별들도 그분이 말씀하신 대로다.

아, 참으로 창조하는 일과 만유를 지배하는 일이 알라의 것이 아니고 무엇이랴. 찬양하라, 만유의 주 알라께.

(7:52/54)

마지막에 인용한 창조주 찬미의 구절에 분명히 드러나 있는 것처럼 신은 세계를 한번 창조하고 그 뒤는 일이 돌아가는 대로 내맡기는 것이 아니라 그 이후로도 줄곧, 지금도 여전히 모든 존재를 엄격히 관리하고 지배하는 주재자이다. 존재하는 모든 것의 절대적 관리자로서 신은 세계 역사의 흐름에 시시각각 개입한다. 더 심하게 말하자면, 신이 세계에 개입해 벌어지는 것이 바로 역사이다. 그리고 그것이 신이 세계를 통치하는 방법이다.

이 세상의 모든 것은 신의 뜻대로 존재하며 모든 것이 신의 뜻대로 움직인다. 매 순간이 그러하다. 그렇다는 말은, 세계는 시작도 없는 과거에 한번 만들어져 그것으로 창조가 끝난 것이 아니라 매 순간 새롭게 창조되는 것이며, 이렇게 신이 순간적으로 창조하는 행위가 이어져 세계, 그리고 인간의 역사를 형성한다. 매 순간 완전히 새롭게 창조되기 때문에 전체가 단락 없이 이어지는 하나의 흐름은 아니다. 끊어졌다 이어졌다 하는 독립된 단위들이 연속되는 것이다. 지금 이 순간의 상태를 바로 이전 순간과 비교해보면 그 사이에는 절대적인 단절이 존재한다. 지금 이 순간을 바로 다음 순간과 비교해도 그 사이에는 어떠한 내적 연관도 없다. 이전과 이후가 단절돼 있는 것이다.

역사를 잇따라 일어나는 단절된 사건들의 연쇄라고 보는 아랍의 독특한 역사관을 깨부수고, 역사를 인과율적으로 연속된 시간의 흐름으로 파악한 사람이 있다. 14세기에 독창적 역사가로 명성을 떨친 이븐 할둔Ibn Khaldūn이 바로 그다. 이븐 할둔의『역사서설』은 '이슬람 고전 총서'의 하나로, 모리모토 고세이森本公誠 씨가 번역한 책이 나와 있으니 읽어보기 바란다(한국어판,『역사서설 아랍, 이슬람, 문명』김호동 역, 까치, 2003 - 역자 주). 이븐 할둔은 이슬람이 낳은 가장 독창적인 사상가 중의 한 명으로, 결코 전형적인 아랍 사상가가 아니다. 아랍의 전형적인 시각에서 보자면, 이븐 할둔이 사물을 보는 방식은 대개의 경우 이례적이라 할 수 있다. 지금 우리들이 문제 삼고 있는 것에 대해서도 본래 아랍적 역사관에서는 시간을 어디까지나 비연속적으로 여기지 연속적인 것으로 보지 않는다.

철학적으로는 이러한 방식을 '비연속적 존재관'이라 부를 수 있다고 생각한다. 존재의 근원적 비연속성이며, 물론 시간에서만 그런 것이 아니라 공간의 경우도 마찬가지이다. 공간적으로 세계는 서로 내적으로 이어지지 않은 뿔뿔이 흩어진 단위, 즉 원자들이 모여 있는 거대한 집합으로 표현할 수 있다. 이것이 보통 이슬람의 아토미즘, 원자론적 존재론이라 부르는 것인데, 이렇게 세계에 존재하는 일체의 사물이 시간적, 공간적으로 따로따로 존재하며 더구나 그들 개별적 사물 하나하나가 그 자체로 다수의 나눌 수 없는 미립자, 즉 원자의 조합으로 성립돼 있다. 그들 미립사는 절대로 서로 융합되지 않는다. 미립자 상호 간에도, 그들 미립자가 모여 생겨난 사물 사이에서도 어떠한 내적 연결도 없다. 다만 우연히 늘어선 채로 존재할 뿐이다.

그렇다면 결국 우리의 경험적 세계는 인과율이 성립되지 않는 세계라는 말이 된다. 이 세계에는 인과관계로 내적으로 연결된 것은 단 하나도 존재하지 않는다. 또한 그렇기 때문에 신의 전능함이 절대적인 형태로 성립될 수 있다고 생각하는 것이다.

본래 인과율이라는 것은 원인이 있고 결과가 있다. 원인이 되는 어떤 종류의 창조적 힘이 있어서 자기에게 내재하는 그 힘이 작동해 결과에 해당되는 것을 제 안에서 만들어내는 것이므로, 인과율을 인정하면 그만큼 신의 창조 능력이 줄게 된다. 신에게 의지하지 않고도 사물이 각각 제 나름으로 작동할 수 있기 때문이다. 사물에게 제 자신의 힘이 있고 그것이 독립해서 작동한다면, 신은 무조건 전능한 것이 아니며 세계는 신의 절대 자유 공간이 아니다. 그렇기 때문에 아토미즘에서는 일체의 사물 그 자체는 완전히 무력한 것으로 본다. 제 자신의 존재에 관해서조차 완전히 무력한 사물이 있고서야 신의 의지가 자유자재로 작동할 수 있다고 생각한 것이다.

지금 여기에서는 일반적 이론으로 '사물'이라든가 '것'이라는 말을 썼지만, 그 범위를 '인간'으로 한정할 경우 문제는 매우 커진다. 행동에 대해서도 존재에 대해서도 인간은 완전히 무력하다. 제 힘으로는 무엇 하나 할 수 없다. 인간이 그렇게 절대적으로 무력한 존재여야 비로소 절대적으로 유력한 신에게 진정한 의미에서 무조건적으로 '노예'일 수 있다. 이것이 아토미즘의 전형적인 인간관이다. 순수하게 종교적으로는 타력 신앙의 극한적 상태라고 생각하면 그만이지만, 그래서는 인간의 자유의지가 완전히 부정된다. 이것은 중대한 윤리적 문제이다. 인간의 윤리성뿐만 아니라 신의 윤리성마저 위험해질 수 있다. 왜냐하면 만약 인간이 완전히 무력하고 자유의지가 없는 존재라면, 그런 인간이 악을 행하고 죄를 범하는 것도 그의 책임이 아니며 모든 것은 신의 책임으로 돌아가기 때문이다. 스스로는 전혀 악을 행할 능력이 없는 인간을 강제적으로 악을 행하게 하고 더구나 벌까지 내리는 것은 아무래도 너무 심한 처사다. 신의 윤리의 근본 원리인 정의가 성립되지 않는다는 말이다. 과연 이 문제는 초기 이슬람 신학에서 일대 논쟁을 불러일으키게 됐다. 인간의 자유의지에 대한 이러한 문제는 그것 나름으로 사상적으로 매우 흥미로운 문제이지만 본서에서 신학상의 논의까지 다룰 여유는 없다. 다만 아랍적 사유의 원형인 아토미즘이 안고 있는 문제를 지적하는 데서 그치기로 한다.

또 하나 여기에서 말해두고 싶은 것은 인과율(그리고 인간의 경우에는 자유의지)을 부정하는 비연속적 존재관이 이슬람 정통파(수니파라 부르는 대단히 거대한, 이슬람의 대다수를 차지하는 사람들)의 근본적 철학이라는 사실이다. 다만 이 철학이 수니파 내부에서 완전한 형태로 확립된 것은 서기 11세기에서 12세기 사이의 일이고, 『코란』에는 거기까지 명확히 언급돼 있지는 않다. 그러나 앞에서도 말했듯이 『코란』의 해석학으로서 그러한 생각이 매우 자연스럽게 생긴 것이다.

하지만 그것이 『코란』 해석에서 나온 것만은 결코 아니다. 실은 이 존재의 비연속관은 이슬람이 생기기 이전부터 아라비아인의 세계 인식을 근본적으로 지배하던 매우 아랍적인 존재감각이었다. 젊었을 때 나는 『아라비아 사상사』(나중에 『이슬람 사상사』로 증보, 이와나미서점 간행)라든가, 『마호메트』와 같은 책을 통해 일반적으로 아라비아인이 사물을 보는 방식에서 주목해야 할 특질로 감각이 아주 예리한 점을 자세히 논한 적이 있다. 벌써 40년 전의 일로

젊은이의 호기심에서 나온 것도 얼마간 있었다고 생각하지만, 그러나 그때 생각한 것은 근본적으로 지금도 변하지 않았다. 잘 갈아놓은 칼날 같은 아라비아인의 감각, 특히 눈과 귀의 놀라울 만한 능력은 아주 멀리 있는 작은 물체를 정확하게 구분하고 아주 미세한 소리도 예민하게 구분한다. 사물을 인식하는 이 감각적 예리함이야말로 예부터 아라비아인 스스로 자랑스럽게 여기는 점이었다.

그러나 여기에서 더욱더 중요한 것은 이렇게 예리한 감각으로 선명하고 생생하게 포착한 사물이 따로따로 떨어져 각각 독립적으로 존재할 뿐, 그들 사이에 어떤 내적 연결도 없다는 사실이다. 카이로대학의 석학 고故 아흐마드 아민Ahmad Amin 교수가 말한, 내가 즐겨 인용했던 문장이 있다. "찬란하게 빛나는 보석이 주변에 흩어져 있다. 그러나 그 보석들은 한 줄에 꿰어져 있지 않다." 인식된 사물이 모두 원자적으로 뿔뿔이 흩어져 있다는 말이다. 감각적 원자 상태로 사물이 모여 있다고 보는 이 특징 있는 세계 인식에 바탕을 둔 독특한 현실감각이 이슬람 문화 속에 편입돼간다. 그리고 이 이슬람 문화의 아람적 성격이 이윽고 이슬람 문화 내부에서 이것과 정반대인 이란(페르시아)적 성격과 정면에서 충돌하게 된다.

이란인(페르시아인)은 시간적으로나 공간적으로나 존재를 연속된 것으로 인식하는 특징이 있다. 그리고 이 연속된 세계는 아랍의 독특한 감각적 현실과 달리 한없이 풍부한 상상력에서 나오는 환상성으로 화려하게 채색된다. 이것에 대해서는 3장에서 이란의 시아파 이슬람을 다룰 때 다시 이야기하기로 하겠다.

나는 여기에서 『코란』에 그려진 알라신의 특징으로 그의 인격, 유일함, 전능함 세 가지를 들었다. 물론 이것으로 알라를 전부 설명한 것은 아니지만, 이슬람이 『코란』 안에서 신을 도대체 어떻게 표현하고 있는지는 어렴풋하게나마 이해했으리라 생각한다.

그래서 다음 문제는 이러한 성격을 지닌 신에 대해, 그와 인격적 관계를 맺어야 할 인간을 『코란』은 어떻게 묘사하고 있는가 하는 점이다. 이 문제는 아무래도 이슬람 공동체, 이른바 움마의 성립 문제와 깊이 연관돼 있기 때문에 이어지는 이야기는 다음 장으로 넘기기로 한다.

제2장
법과 윤리

제1장의 주제는 이슬람 문화의 '종교'였고, 이번 장의 주제는 '법과 윤리'인데, 물론 전혀 관계없는 별개의 주제를 다루는 것이 아니다. 오히려 동일한 주제의 계속적인 전개이다. 왜냐하면 이슬람의 견지에서 보면 종교와 법, 혹은 종교와 윤리는 밀접하게 연결돼 일체화돼 있기 때문이다. 특히 이슬람의 주류로 이슬람 공동체의 대다수를 차지하는 정통파, 이른바 수니파는 이슬람이 이슬람법, 즉 종교가 법률이라는 극단적인 입장을 취하고 있다. 이 견해에 따르면 이슬람이라는 종교는 이슬람법이라는 이름으로 알려진 정연한 법적 결정체가 되고 나서야 완전한 의미에서의 종교로 성립된다고 말할 수 있다. 그러므로 앞서 이야기하기 시작한 이슬람의 종교적 밑바탕이라는 주제는 이 장의 주제인 이슬람법까지 진행돼야 완료된다. 여기까지 와야 비로소 수니파가 종교로서의 이슬람을 어떻게 이해하는지 그 전모에 접근할 수 있는 것이다. 그런 의미에서 앞에서 논의한 이슬람 문화의 종교적 밑바탕에 대한 고찰에 이어, 이번 장에서는 이슬람법과 윤리 쪽에 초점을 모아 살펴보기로 하겠다.

제1장에서 나는 왜 『코란』이라는 책이 모든 이슬람 문화의 원점인지, 왜 다른 어떤 것과도 견줄 수 없을 만큼 중요한지를 설명했다. 『코란』은 신이 예언자 무함마드에게 내려준 계시를 직접 기록한 것이라 여겨진다. 그러나 이 신의 계시는 우리가 지금 보고 있는 형태 그대로 한꺼번에 내려온 것이 아니고, 약 20년에 걸쳐 조금씩 단편적으로 내려왔다. 즉 계시 자체에 시간적 전개가 있다는 말로, 서양의 이슬람 학자는 이것을 '코란의 역사'라 부르기도 한다. 20년, 역사치고는 매우 짧은 기간이지만 그사이에 일어난 시간적 전개와 변천 내용은 이슬람에게는 참으로 의미 깊은 것이다. 보통 이 20년간의 역사를 전기 10년, 후기 10년으로 나눈다.

전기 10년은 한갓 상인에 지나지 않던 무함마드라는 사람이 고향 메카에서 갑자기, 대체로 서기 610년, 그가 40세 무렵일 때라고 전해지는데, 최초의 계시를 받아 예언자가 되고 사도가 돼 종교의 길에 들어선 무렵부터 시작된다. 그 이후 아랍 주변국에서는 이 위험한 운동을 어떻게든 막아보려는 반대운동이 맹렬하게 일어나고, 무함마드는 몇 되지 않는 동지와 함께 악전고투하며 고난의 시기를 보내는데, 그 무대가 메카였기 때문에 흔히 이슬람의, 혹은 『코란』의 메카 시기라 부른다.

이에 비해 후기 10년은 서기 622년 메카의 정세를 절망적이라 본 예언자 무함마드가 활로를 찾아 야스리브라는 도시(훗날 이 도시는 메디나, 좀 더 정확하게는 '예언자의 도시 메디나'라는 영예로운 이름을 얻는다)로 이주해서 632년에 세상을 떠나기까지의 기간으로, 보통 메디나 시기라고 부른다. 전기와는 달리 이슬람이 사라센 제국 건설이라는 영광스러운 길을 걷기 시작한 빛나는 시기였다.

전기와 후기 각각 10년씩은 무함마드라는 동일한 예언자가 종교적 체험으로써 구현한, 유일한 신의 계시를 받은 20년에 걸친 역사이다. 그러나 전기와 후기에서 이슬람은 그 성격이 완전히 달라진다. 그리고 그렇게 성격을 달리하는 『코란』 전기와 『코란』 후기는 이슬람이라는 종교가 그 뒤 몇 세기에 걸쳐 걸어갈 길을 그 자리에서 결정해버린다. 동시에 이슬람 문화의 두 가지 근본적 패턴이 여기에서 싹트고 있었다. 이 장의 주제인 이슬람법은 후기 메디나 시기 문화 양식의 전개인데, 전기 메카 시기의 이슬람과 후기 메디나 시기의 이슬람은 그 성격이 어떻게 다른

지를 설명하는 것에서 시작하고 싶다.

전기 메카 시기는 전체를 감싸는 분위기가 이상할 정도로 종말론적이며, 생생한 종말의 전망이 빚어내는 무거운 분위기 속에서 각 개인의 신앙이 심각한 실존적 문제로 부상하는 데 그 특징이 있다. 인간이 홀로 신 앞에 선다. 여기서 종교는 신 앞에 홀로 선 인간, 그 실존의 근원적 존재 방식을 의미한다. 메디나 시기와 비교해서 말하자면, 종교는 생생한 인간적 체험이며 아직 조금도 제도화되지 않았다.

그렇다면 인간이 홀로 신 앞에 섰다고 할 때, 그 신은 어떠한 신인가? 제1장 끝부분에서 간단히 설명했듯이 유일하고 전지전능한 인격신이다. 그러나 유일한, 살아 있는 인격적 신과 인간이 인격적 관계로 들어간다. 그 관계는 앞에서도 말했지만 계약이라는 형태를 취한다. 이렇게 종교를 일종의 계약으로 간주하는 것이 이슬람의 근본적 성격을 이루는 특징 가운데 하나이다. 이 성질만은 전기와 후기 내내 변함이 없다. 인간이 신과 계약을 맺는다, 즉 신과 계약관계에 들어간다. 간단히 말해 그것이 신앙이고 종교이다.

다만 같은 계약이라 하더라도 전기와 후기 사이에는 매우 큰 차이가 있다. 신과 계약을 맺은 인간이 개인이냐 공동체냐, 즉 이 계약관계가 실존적이냐 사회적이냐 하는 점에서 오는 차이다. 계약의 개념에 대해서는 앞으로 자세히 이야기할 예정인데, 지금 문제가 되는 전기와 후기, 다시 말해 메카 시기와 메디나 시기의 성격에서 나타나는 근본적 차이를 명백히 하기 위해서는 우선 이슬람적 환경에서 이 계약관계의 한쪽인 신의 인격성이 신의 윤리성을 의미한다는 사실에 주의해야 한다.

신이 인격적이라는 말은 윤리적인 신이라는 것이다. 그것이 『코란』에 나타난 인격신의 가장 두드러진 특징이다. 신은 현저하게 윤리적 성격을 갖는다. 이 신의 윤리성에는 여러 가지 측면이 있어, 이슬람 학문 전통에서는 그것이 신의 윤리학으로 발전한다. 신의 윤리학, 보통은 신의 윤리학이라 하지 않고 전통적 학술어 '신학Kālam'이라 부른다. 하지만 신학이라 해도 내용은 신의 윤리학이다. 신에게도 다양한 윤리적 측면, 학술적으로는 신의 '속성', 즉 신의 근본적인 여러 성질이 있는데, 그것을 신의 속성론으로 매우 너저분하게 스콜라 철학적으로 전개·논의하는 학문이다.

이렇게 신이 인격적이고 윤리적이기 때문에 인간이 신과 인격적 관계에 들어갈 경우 양자 사이에는 어떤 특수한 사태가 성립된다. 이 인격적 관계는 인간과 신의 윤리적 관계여야 함은 물론이고, 앞서 말한 대로 인간과 신의 윤리적 관계는 이슬람적 배경에서 원칙적으로 계약을 의미하기 때문이다.

당연한 말이겠지만 계약은 당사자 간에 권리와 의무 관계를 성립시키는데, 여기서는 그것이 주인·노예 관계를 맺는 계약이기 때문에 매우 특수한 형태의 계약이 된다. 이 점에 대해서는 제1장에서 설명했다. 주인의 위치를 차지하는 신은 절대적으로 힘이 있고, 노예의 위치를 차지하는 인간은 절대적으로 무력하다. 그러므로 상대에 대해 의무를 지는 것은 인간뿐이다. 신은 인간에 대해 어떤 의무도 없이 다만 권리만을 주장한다. 인간은 전혀 권리를 주장할 수 없다.

그러나 이것은 어디까지나 이치가 그렇다는 것이고, 사실 신은 철저하게 윤리적이기 때문에 신도 인간에 대해 어떤 종류의 의무, 혹은 적어도 의무에 가까운 것을 갖게 된다. 예를 들어 자비를 갖는 것은 신의 가장 중요한 특성 중의 하나로서 신은 한없이 '자비롭고, 자애로운' 존재인데, 그렇다면 무자비한 일이나 잔혹한 일은 어떠한 경우에도 저지를 수 없다. 말하자면 인간은 물론이고 존재하는 모든 피조물들에게 자비를 베푸는 것은 신의 의무이다. 또 신은 그 성질상 순수하고 절대적으로 선하기 때문에 어떠한 일이 있어도 악을 행하지 않는다. 얼핏 인간의 눈에 악으로 보이는 일도 좀 더 넓게 신의 견지에서 보면 실은 선이다. 신의 행위는 모두 근본적으로 선이며, 이러한 의미에서 선만을 행하는 것 또한 신의 의무이다. 더욱이 신은 어떤 경우에도 신의를 중시하는 윤리적 성질이 있기 때문에 그 행위는 철저하게 성실하며 한번 맺은 약속을 깨는 일은 절대 없다. 이렇듯 말을 뒤집지 않는 것 역시 신의 의무인 것이다.

이 밖에 여러 가지 속성이 있는데 지금 우리가 화제로 삼고 있는 메카 시기의 근본적 특징과 관련해서 특히 중요한 것은 소위 '신의 정의'라는 속성이다. 이슬람의 신은 엄숙하고 준엄한 정의의 신이다. 정의의 신이기 때문에 인간이 조금이라도 정의의 길에서 벗어나는 일을 행하면 그것을 절대로 용서하지 않는다. 인간의 불의와 부정을 끝까지 집요하게 추궁해 벌을 내리는 분노의 신, 『성경』에서 말하는 복수의 신, '복수는 나의 것'이라 말하는 신이다. 신의 정의가 갖는 이러한 측면, 인간의 불의와 부정에 격렬하게 분노하고 벌을 내리는 신의 무서운 윤리성, 그것이 코란 전기 이른바 메카 시기 종교의 근본적 성격이다. 또한 그것이 메카 시기의 종교적 세계관과 인간관을 어두운 분위기로 감싸고 있다.

어두운 세계관, 어두운 인생관이라고 하는 이유는, 있는 그대로의 인간에게는 신의 윤리성에 충분히 응답할 만한 윤리성이 없기 때문이다. 원래 메카 시기의 신과 인간의 계약관계에서는 신이 발휘하는 강렬한 윤리성에 대해서 인간도 그것에 대응할 만한 윤리성을 보여야만 했다. 그것이 종교라는 것이다. 그런데 현실의 인간에게는 도저히 그런 윤리성이 있을 수 없다. 인간은 자신이 지닌 근원적인 윤리적 결함을 알아차리면서 있는 그대로의 제 모습이 실로 죄 많은 존재임을 의식하게 된다. 인간이 이런 인식에 눈뜨는 것이 메카 시기 『코란』의 사고방식에서는 종교의 시작이고 이슬람 자체의 출발점이다.

인간은 내버려두면 어떤 악이라도 저지른다. 가령 지금 이 순간에는 실제로 악한 일을 하지 않더라도 기회만 있으면 언제라도 죄를 저지르려 한다. 다시 말하면 악으로 기우는 뿌리 깊은 성향을 갖고 있다. 신 앞에 선 인간이 자신의 현실적 모습, 현실적 존재 양태를 전혀 꾸밈없이 진지하게 반성한다면 자신이 얼마나 죄 많은 존재인가를 아프게 자각하지 않을 수 없다. 어떤 경우라도 자각하게 될 것이다.

이렇게 죄를 자각하는 것에서, 틈만 나면 악으로 달려가려고 하는 자신의 내적 경향성을 깨닫고 반성하는 것에서 '두려움'이라는 실존적 태도가 나온다. 죄악을 의식하는 데서 출발해 신을 두려워하는 것, 이것을 아라비어 원어로 타쿠와taqwā라고 하는데 이 타쿠와, 두려움이라는 실존적 정념情念이야말로 메카 시기 이슬람 전체의 삶의 요소라고 할 수 있다.

두려움이라 해도 다만 눈에 보이지 않는 신이 어쩐지 무섭다는 그런 두려움이 아니다. 본질적으로 종말론적인 두려움이다. 이 세계에 종말의 날이 오고 최후의 심판이 벌어지며, 현세의 무대에 막이 내리고 동시에 내세의 무대에 막이 오른다. 두 개의 무대가 갈리는 바로 그 장면에서, 인간이 현세에서 저질러온 갖가지 죄악이 전부 드러나 벌을 받는다. 그것이 무서운 것이다. 내세라는 특수한 존재 영역이 세계 구조 안에 확실히 자리를 잡고 있는 것이다. 그런 관점에서의 두려움이다.

사람들아, 너희 주(주가 내리시는 빌)를 두려워하라. 참으로 저 (종말의) 때에 일어날 지진은 두려운 것이다.

마침내 그날이 눈앞에 닥치면 젖먹이를 안은 여자는 제 젖먹이를 잊고 돌보지 않으며, 임신한 여자는 뱃속의 아이를 유산할 것이다.

이 사람 저 사람 할 것 없이 취해서 비틀거리는 것처럼 보이지만 사실은 취한 것이 아니니, 다만 신이 내리는 벌이 너무나 처절해 그리 된 것이다.　　　　　　　(22:1/12)

사실 이 시기 『코란』의 언어 용법에서는 '두려움'이라는 명사와 '두려워하다'라는 동사가 '신앙', 특히 진지하고 깊은 신앙 및 경건함과 완전한 동의어로 쓰였다.

사람들아, 너희 주를 섬겨라. 너희를 창조하고, 또 너희의 선대 사람들을 창조하신 너희 주를. 그리하면 아마 너희들은 두려워할 줄 아는 자가 될 것이니.　　(2:19/21)

여기에 인용된 구절에서 "너희 주를 섬겨라"라고 번역한 원문은 u'budū rabba-kum으로, 직역하면 "너희kum 주rabba를 노예로서 섬겨라u'budū'이다. u'budū는 제1장에서 말했던 'abd(노예 혹은 종이라는 뜻)와 같은 어근에서 파생된 동사의 명령형이다. "신앙이 없는 자들을 불러 너희와 너희 선조를 포함해 모든 인간을 무에서 창조하신 위대한 신을 주로 우러르며 그를 노예로서 섬기는 것이 좋다. 그리하면 너희 신앙이 없는 자들도 마침내는 '두려워하는 사람', 타쿠와가 무엇인지를 진정으로 아는 사람, 곧 신앙 있는 사람이 될 수 있을 것이다"라고 말한 것이다. '두려움(타쿠와)'을 '신앙'의 동의어로 사용하는 것 자체가 메카 시기 계시의 결정적인 특징 가운데 하나이고, 그 예는 이루 헤아릴 수 없을 정도로 많다.

이슬람이 출현하기 전까지 대다수의 아랍인들에게 존

재하는 세계는 현세뿐이었다. 아무리 착한 일을 하든 나쁜 일을 하든 그것은 다만 현세의 일일 뿐, 죽어버리면 그것으로 모든 것은 끝나고 죽음 저편에는 허무만이 있을 뿐이다.

> 어차피 이 세상에서의 삶일 뿐. 살다가 죽는다. 다만 그것뿐. '시간'이 우리를 멸망시키고, 그것으로 끝이다.
>
> (45:23/24)

이것은 무도無道 시대 사람들이 사막인의 전형적인 인생관을 표현한 말인데, 바로 이어서 『코란』은 이렇게 말한다. "그들은 실은 아무것도 알지 못한다. 다만 어림짐작으로 그렇게 생각하고 있을 뿐이다." 존재를 현세만으로 한정하며 그 앞의 일을 전혀 알지 못하는 사람들의 어리석음과 무지를 지적하고 있다.

이슬람은 죽음 저편, 현세 저편에 내세가 있다고 본다. 존재 세계는 현세와 내세의 이중구조이다. 더구나 인간의 운명에서 결정적으로 중요한 것은, 적어도 메카 시기에는 현세가 아니라 내세였다.

아, 나의 백성들아, 이 세상의 생활(목숨)은 한순간의 즐거움에 불과하다. 내세야말로 영원히 머물 곳이다.

(40:42/39)

아, 잘 들어라. 이 세상의 생활(목숨)은 그저 한순간의 놀이, 유희, 허식이다. 그저 (혈통을) 뽐내고, 서로 재산과 자식의 수를 견주는 것에 불과하다.

현세는 비가 내린 뒤 초목이 싹트는 것과 같다. 신앙 없는 자들도 크게 기뻐하나, 금세 시들어 떨어지고 빛이 바래며 뒤에 남는 것은 메마른 볏짚 부스러기뿐이다. (신앙 없는 자들의) 내세에 기다리고 있는 것은 신의 무서운 형벌뿐이다.

(57:19/20)

인간들은 현세의 생활을 즐기느라 정신이 없다. 하지만 현세의 생활 따위는 내세에 비한다면 순간의 즐거움이다.

(13:26)

초기 이슬람 사상사에 거대한 족적을 남긴 바즈하의 하산Ḥasan Baṣrī은 이렇게 말했다. "인간들아, 이 세상의 삶을 팔아 저세상의 삶을 사거라. 그렇게 하면 현세와 내세 모두를 얻을 것이다. 저세상의 삶을 팔아 이 세상의 삶을 사려 하지 말아라. 현세와 내세 모두를 잃을 것이다." 내세는 현세에 비할 수 없을 만큼 중요한 것이지만, 현세를 완전히 잃는 것은 어리석다는 사고방식은 지극히 이슬람적이다. 이윽고 메디나 시기가 되면 이 현세관은 좀 더 적극적인 현세 평가로 발전하고, 이슬람은 현실주의적이고 현세를 중시하는 종교가 된다. 그러나 그렇다고 해도 여전히 이슬람의 현세주의는 내세를 최상의 가치로 인정하고 난 뒤의 현세 중시이다. 내세가 최상의 가치이기 때문에 그것을 준비하는 현세도 나름의 가치가 있다고 인정한 것이다. 그러나 메카 시기에는 존재의 현세적 질서에 대해 그러한 독자성을 인정하지 않고 내세 쪽에 훨씬 많은 비중을 두었다.

이런 이유로 무엇을 하든지 간에 내세에 대한 생각이 늘 인간 행동의 최고 원리로 작동해야만 했다. 인간이 이 세상에서 하는 행위 자체는 이 세상에서 하는 것이지만, 이 세상의 윤리는 그 자체로 완결되지 않는다. 내세에 가서야 비로소 완결된다.

그리고 존재의 질서가 현세로부터 내세로 전환되는 지점에서 천지가 괴멸되고, 즉 현세적 존재 질서가 붕괴되고, 이어서 부활, 그리고 곧 최후 심판의 날이 온다. 인간은 한 명 한 명 신 앞에 끌려나가 현세에서 행한 모든 일에 대해 심판을 받는다. 자기가 행한 것이 하나도 빠짐없이 '저울'에 올려진다. 저울 접시가 무겁게 내려간 자는 천국으로, 가볍게 튀어오르는 자는 '바닥 없는 구멍', 지옥 불속으로 간다. 그때 정의의 신은 인간 앞에 심판의 날의 주인으로 그 무서운 모습을 드러낸다.

종말의 때는 언제 사람들을 덮칠지 모른다. 지금 바로 코앞까지 닥쳐왔는지도 모른다. 그 공포를 『코란』은 시적으로 묘사한다. 종교적 실존의 귀에는 다가오는 종말의 불길한 발소리가 들려온다. 이글거리는 지옥 불이 생생하게 눈앞에 떠오른다.

쾅쾅, 문을 두드린다.
무슨 일인가, 문을 두드린다. 문을 두드리는 소리, 대체 무슨 일인지 어찌 알겠는가?
……

사람들 마치 불나방처럼 흩날리는 그날.

산들이 마치 쥐어뜯긴 양털처럼 되는 그날.

……

저울이 내려간 자를 기다리는 것은

지극히 즐거운 (낙원의) 삶.

저울이 가볍게 튀어오르는 자에게는

바닥 없는 구멍이.

허나, 도대체 바닥 없는 구멍이 무엇인지 어찌 알겠는가?

이글이글 타오르는 불구멍인 것을.

(101:전11절)

대지가 격렬하게 진동하고,

대지가 속에 있는 것을 전부 토해내니,

"대체 무슨 일인가"라고 사람들이 말한다.

……

그날, 대지가 전말을 밝히는 날,

신께서 말씀하신 그대로.

그날, 사람들 끝없이 (땅속에서) 무리지어 나타나

제가 행한 것을 눈앞에서 보는 날.

......

티끌 하나만큼이라도 선을 행한 자는 그것을 본다.

티끌 하나만큼이라도 악을 행한 자는 그것을 본다.

(99:전8절)

태양이 (검은 터번으로) 둘둘 말려질 때,

별들이 (천공에서) 떨어질 때,

산들이 산산이 흩날릴 때,

산달에 이른 (귀한) 낙타를 돌보는 사람도 사라져버릴 때,

(겁에 질린) 야수들이 잇따라 모여들 때,

바다가 부글부글 끓어오를 때,

(죽은 자의) 혼이 각각 (원래의 육체와) 결합될 때,

......

하늘의 껍질이 벗겨질 때,

지옥 불이 활활 타오를 때,

천국이 성큼 다가왔을 때,

그때, 누구든 제가 행한 일을(과보를) 안다.

(81:114)

『코란』에서 다양하게 형상화된 이러한 종말을 실존적으로 자각하게 되면 인간은 현세의 매 순간을 진지하게 살아가지 않을 수 없다. 설령 그것이 한순간의 목숨이라 하더라도 말이다. 종말의 날과 심판의 날을 기억하는 마음의 근본적 존재 방식이 앞서 언급한 '두려움', 타쿠와다. 바로 그것이 현세에 사는 인간의 모든 행동의 동기, 도덕적 진지함의 원동력이어야 한다. 메카 시기에 종교로서의 이슬람을 압도적으로 지배한 것은 이 종말론적 두려움, 어두운 형상을 동반한 실존적 감각이고, 그것이 이 시기 종교의 밑바탕이자 신의 윤리에 대응하는 인간의 윤리였다.

서기 622년 무함마드는 메카를 떠나 메디나로 옮기고 여기서 이슬람력 제1년이 시작된다. 메디나 시기에 들어선 이슬람은 그 성격이 크게 바뀌어 생각지도 못한 방향으로 나아가기 시작한다. 이른바 사라센 제국으로 가는 길이다. 그리고 그에 발맞춰 이슬람이라는 종교도 완전히 모습을 달리하게 된다.

우선 신 자신이 지금까지와는 전혀 다른 모습으로 나타난다. 그때까지 신은 주로 부정적이고 어두운 측면으로 인간 앞에 그 모습을 드러냈다. 분노의 신, 복수의 신, 무서운 심판의 날의 주인이었다. 그러나 메디나 시기에 들어서면, 좀 더 정확히는 메카 시기에서도 점점 메디나 시기에 가까워지면, 신은 자비와 자애, 은혜의 주로서의 모습을 보인다. 신은 신앙 깊은 사람들, 착한 사람에게는 내세에 천국의 환락을 줄 것이라 약속한다. 종말론적인 광경이 감각적으로 밝아진 것이다. 다음에 인용하는 내세의 환락을 묘사하는 『코란』의 한 구절에서 볼 수 있듯 무조건적인 밝음이다. 감각적이고 관능적이며 더구나 유머러스해 이슬람적인 천국 묘사의 걸작이라 생각한다. 조금 읽어보기로 하자.

　그러나 한결같이 성실하게 (현세를) 산 신의 종들은 (지옥불에 빠지는 벌을 받는 무리들과는) 다르다.
　그러한 사람들만은 저 맛있는 음식과 온갖 과일을 받는다. 높은 명예를 받고 지복의 낙원에 들어가, 옥좌 위에서 모두가 마주보고 앉아 (천국의 미주美酒가) 펑펑 솟아오르는 샘에서 길어 올린 잔이 한 순배 도나니, 희고 깨끗하고 맑아서 마시면 뭐라 형언할 수 없이 기분이 좋아진다. 이것

은 (현세의 술과 달리) 마셔도 머리가 아프지 않고 취할 염려
도 없다.

게다가 곁에서 시중드는 이는 눈빛이 단아한 처녀들이
다. 눈매가 시원스러운 미인들의 몸은 마치 모래 속에 감
추어진 (타조) 알처럼 (조금 노란 빛을 띤 흰색이) 아름답다.

이윽고 그 남자들은 서로 마주하고 이것저것 묻는다.

그중 한 사람이 말을 꺼낸다. "내게 친구 하나가 있었는
데 입버릇처럼 이렇게 말했답니다. '어이, 자네마저 그런
말(무함마드가 말하는 사후 부활 따위)을 진짜라고 생각하는가?
우리가 죽어 티끌과 뼈가 돼버리고 나서 다시 심판을 받
는다니'라고요." 다시 말을 이어 "자, 여러분, 잠깐 아래를
내려다보시지요"라고 한다.

내려다보니 (부활과 심판을 믿지 않았던) 친구가 지옥 한가운
데 떨어져 있는 게 보였다.

그 사람은 말했다. "아아, 너 때문에 하마터면 나까지 파
멸할 뻔했다. 주께서 자비를 베푸신 덕에 살았지만, 그렇
지 않았으면 나도 끌려가 (너처럼 지옥 불 속에) 떨어질 뻔했
다."   (37·3955/4057)

'정렬자整列者'라는 제목이 붙어 있는 이 장은 현행『코란』에서는 메카 시기의 기록으로 분류된다. 그것은 확실히 그렇다고 생각하지만 같은 메카 시기라도 상당히 후기일 것이다. 문체의 여유로움이 그 증거이다. 메카 초기의 긴박한 분위기에서는 도저히 이런 여유가 나올 수 없다. 전체 분위기가 완전히 메디나 시기에 가까운 것임을 보여준다.

증거는 그것만이 아니다. 천국, 내세에 벌어질 사태를 밝게 그리고 있을 뿐 아니라, 벌써 이 현세 자체가 사람들에게 한없는 신의 자애로움으로 가득 찬 장소로 아름답게 시적으로 비춰지기 시작한다. 실제로 인간을 둘러싸고 있는 대자연, 하늘과 땅, 하늘에 부는 바람, 땅에 흐르는 물, 동물과 식물, 모든 것이 인간을 위해 창조된 것으로서 신의 은총이 얼마나 깊고 넓은지를 말하고 있다.

신께서는 하늘과 땅을 창조하시고 하늘에서 비를 내려 온갖 과실을 열매 맺게 하시어 너희의 양식으로 삼게 하시는 분이다. 또한 너희를 위해 배를 만드시고 말씀대로 바다 위를 달리게 하시며, 너희를 위해 냇물을 만드셨다.

또한 태양과 달을 만들어 변함없이 정해진 길을 운행하게 하시고, 또한 너희를 위해 밤과 낮을 만드셨다.

구하는 것은 무엇이든 베풀어주시니, 모두 (고마우신) 신의 배려. 신의 은혜는 헤아리려 해도 이루 다 헤아릴 수 없다. (14:37/3234)

이러한 견지에서, 특히 인간에 대한 신의 은혜와 은총이라 생각되는 피조물, 즉 이 세상에 보이는 모든 존재를 '신의 증거물(āyah, 복수āyāt)'이라 부른다. 이 단어는 『코란』의 종교적 사상 구조에서 아주 중요한 기능을 하는 말 가운데하나이다. 인간이 그러한 눈으로 주변을 둘러보면 도처에 '신의 증거물'이 있다. "머나먼 저 지평선에도, 제 자신의 내부에도."(41장 53절)

신께서는 특히 너희를 위해 저 가축들을 창조하셨다. (그모피로) 몸을 따뜻하게 할 수도 있고, 여러모로 유용하며 식용으로도 쓸 수 있다. 저녁에 오두막집에 데리고 돌아올 때나 아침에 목장에 데리고 나길 때, 그 아름다움에 눈길을 빼앗긴다. 그뿐인가. 너희를 위해 무거운 짐을 지고,

매우 고생하지 않으면 갈 수 없는 (먼) 나라까지 날라주기도 한다.

　……

　말이든 낙타든 나귀든 모두 마찬가지이다. 모두 너희들이 타고 다니라고, 또한 장식하라고 (만들어주신 것이다). 아직 (이것 외에도) 너희가 알아차리지 못한 것을 (많이) 만들어주셨다.

　……

　신은 또한 너희를 위해 하늘에서 비를 내려주시는 분이다. 그것은 마실 물이 되기도 하고, 그것으로 수목이 자라서 너희가 기르는 가축의 사료가 되기도 한다.

　또한 신은 (그 물로) 너희를 위해 곡물과 올리브와 대추야자와 포도, 그 외 모든 과실을 열매 맺게 하신다. 참으로 이것이야말로 사려 깊은 사람에게는 다름 아닌 신의 증거물이 아니겠는가.

　……

　또한 너희를 위해 밤과 낮, 태양과 달을 운행하게 하셨다. 별들 또한 명령에 따라 운행하고 있다. 참으로 이것이야말로 사물의 이치를 아는 사람에게는 다름 아닌 신의 중거물이 아니겠는가.

......

또한 너희를 위해 지상에 (동물이나 초목의) 갖가지 색의 아름다움을 만들어주셨다. 참으로 이것이야말로 주의 깊은 사람에게는 다름 아닌 신의 중거물이 아니겠는가.

......

그리고 바다에 명령해, 너희가 싱싱한 물고기를 먹게 하시고 장식할 것을 주워 몸을 꾸미게끔 헤아려주셨다. 또한 저것을 보라. 파도를 밀치며 나아가는 배. 이처럼 너희가 은혜를 구하고 (교역에 힘쓰고 싶다는) 마음을 일으키도록 해주셨다. 이는 모두 어떻게든 너희가 감사하는 마음을 아는 인간이 되게 하시려는 헤아림이다.

......

또한 대지가 흔들리지 않게 지상에는 산들을 의젓하게 앉혀놓으셨다. 그리고 또 많은 강과 길을 만들어놓으셨다. 이것도 모두 어떻게든 너희를 바른 길로 이끄시려는 헤아림이다. … 더욱이 길을 인도할 만한 것을 (곳곳마다) 만들어두셨다. (어두운 밤중에) 사람들은 별빛에 기대어 길을 헤매지 않고 여행길을 간다.

......

자, (이처럼 많은 것을) 창조해주신 신을 무엇 하나 만들 수 없는 것과 (사신邪神 따위와) 비교하겠는가? 이래도 아직 알아차리지 못하는가? 신의 은총을 헤아려보는 게 좋을 것이나, 도저히 다 헤아리지 못할 것이다. 참으로 신은 정 깊고 자비로우신 분이다.   (16:518)

이렇게 이루 헤아릴 수 없는 신의 증거물 가운데 몇 가지를 차례로 들고 나서,『코란』은 주가 정 깊고 자비로운 신이라고 결론짓는다. 이 구절의 중간에도 "어떻게든 너희가 감사하는 마음을 아는 인간이 되게 하시려는"이라는 표현이 나오듯이,『코란』에 따르면 이렇게 자비롭고 자애로울 뿐인 신에게 인간이 취할 태도는 그저 감사하는 수밖에 없다.

메카 시기의 두려움에 비해 메디나 시기에는 감사함이 주를 이룬다. 신도들은 신의 한없는 자비와 자애에 대해 깊이 감사하는 마음을 갖는다. 여기서는 '감사shukr'가 곧 '신앙'의 동의어이고, 동시에 이 시기를 특징짓는 인간의 윤리성이다. 그리고 그것을 중심축으로 삼아 이슬람이라는 종교가 부정에서 긍정으로, 소극성에서 적극성으로 크게 전환되기 시작한다.

종교가 두드러지게 사회성을 띠기 시작하는 것도 이 적극적인 태도 가운데 하나이다. 그리고 이 사회성은 첫머리에서 말했던 계약의 개념을 둘러싸고 전개된다. 거기서 이슬람이라는 종교의 특수한 성격이 성립된다.

계약에 대해서는 이제까지 몇 번이나 이야기했지만, 사실 종교를 계약이란 개념으로 여기는 것은 이슬람뿐만 아니라 셈 민족 종교의 일반적 특색이라고 할 수 있으며, 특히 『구약성경』에 전형적인 형태로 구체화돼 있다. "나는 너희의 신이 되고, 너희는 내 백성이 될 것"이라고 『구약』의 신은 엄숙히 선언한다. 이스라엘적 종교 의식意識은 이스라엘 백성과 그 신 야훼 사이의 계약에 대한 의식이다. 그리고 지금 이슬람도 같은 길을 걷는다. 『구약』의 신 야훼나 『코란』의 신 알라나 이슬람은 완전히 동일한 하나의 신이라고 생각하기 때문이다. 다음에 인용하는 구절에서 '이스라엘의 자손들아'라는 말은 메디나의 유대교도를 향한 말이다.

이스라엘의 자손들아, 내(신)가 일찍이 너희에게 베풀어 준 은혜를 기억해라. 나와 맺은 계약을 이행해라. 그렇게 하면 나도 또한 너희와 맺은 계약을 이행하리라.

(2:38/40)

그러나 『코란』은, '이스라엘의 자손들'은 시나이산에서 예언자 모세를 대표자로 세워 신과 계약을 맺었지만 그것을 배신하고 이행하지 않았다고 주장한다.

또한 우리(신)가 너희와 계약을 맺고, 너희 머리 위에 (시나이)산을 높이 솟아오르게 한 때(신이 왕림해 시나이산이 평상시와 다르게 위엄 있는 모습을 드러냈을 때)의 일을 기억해보라.

"자, 우리가 여기에 주는 것을 잘 받아두어라. 안에 (쓰여 있는) 것(모세의 계율)을 마음에 잘 새겨두어라. 그리하면 너희도 반드시 신을 두려워하게 될 것이다."

그런데 그 뒤 너희는 등을 돌리고 떠났다.　　(2:60/63)

유대인이 신과 계약을 맺었으면서도 등을 돌리고 떠났다. 새롭게 신과 똑같은 계약을 맺고, 이번에야말로 그것을 완전하게 이행함으로써 '신을 두려워하는' 사람들을 다시금 지상에 출현시킨다. 이것이 무함마드가 구상한 이슬람이라는 종교의 본래 사명이었다. 진정한 신자란 "신과 맺은 계약을 완전히 이행하고, 한번 한 약속은 절대로 깨지 않는 사람들(13장 20절)"이고, 지옥의 벌을 받아야 할 불신앙자란 "신과 약속을 했으면서도 그 약속을 어기고, 신이 맺으라고 명령하신 것을 끊어버리고 지상에 퇴폐를 퍼뜨리는 자들(13장 25절)"이다. 『코란』은 그렇게 규정한다. 요컨대 신앙이란 신과 계약(앞에서도 말한 것처럼 이것은 근본적으로 절대 무조건적인 주종 관계, 신을 주인으로 인간을 노예로 하는 계약)을 맺은 것에 동의하고, 더구나 그 계약이 요구하는 사항을 충실하게 실천하는 것이며, 불신·무신앙이란 신과 계약 맺기를 거절하는 태도, '신앙을 등진다는 것'은 계약을 위반하는 것이다.

그런데 앞서 언급했듯이 메카 시기에 종교, 즉 이 계약은 한 명 한 명이 신과 맺는 실존적인 계약이었다. 신과 인간이 일대일로, 종적 일직선으로 맺는 계약관계이다. 하지만 메디나 시기에는 이 계약이 횡적으로 넓어져 복잡한 형태를 띠게 된다. 우선 그 전까지는 신과 인간 사이의 직접적 인격 관계였으나, 이제 인간은 일차적으로 예언자 무함마드와 계약을 맺는다. 그리고 이 예언자와 맺은 계약을 통해서 비로소 신과 계약관계에 들어가는 구조이다.

이 경우 일반인과 무함마드가 맺는 계약이 무엇이냐 하면, 예언자 무함마드를 신의 '대리인khalīfah'으로 인정하는 것이다. 당연히 무함마드는 사람들의 절대적 지도자가 되는 것이고, 여기서 사람들은 신의 명령을 따르거나 혹은 신의 명령을 따르는 것과 완전히 동일하게 무함마드의 명령을 따른다는 계약이 성립된다.

그러나 그것만이 아니다. 이렇게 예언자 무함마드와 계약관계에 들어간 사람들이 무함마드의 권력 아래에서 이번에는 서로서로가 동포로서, 즉 종교상의 형제자매로서 계약을 맺는다. '뭐라 해도 신앙인들은 모두 형제(49장 10절)'라는 사고방식이 생겨나고 인간관계의 근본 원리로서 확립된다.

너희 모두 신과 맺은 줄을 꽉 잡아 결코 흩어지지 말아야 한다. 너희에 대한 신의 은총을 마음에 새겨두어라. 너회가 이전에 서로 적이었을 때, 신은 너희 마음을 단단히 묶어주셨다. 그 덕분에 서로 형제가 될 수 있지 않았느냐.
......

너희 모두 한데 뭉쳐 사람들을 선으로 인도하고, 선을 권해 악을 억제하는 일에 힘써야 할 것이다. 그렇게 해야 비로소 영광의 길을 가게 될 것이다.　　(3:98100/103104)

나중에 이야기하겠지만 형제라 해도 물론 혈연관계, 육친으로서의 형제관계를 완전히 버린 뒤에 성립하는 순수하게 정신적인 형제관계인데, 형제에게는 형제 나름의 도덕이 있고 윤리가 있다. 신의 윤리학에 대응해 그것과 밀접하게 연관된 순수하게 인간적인 새로운 윤리학이 탄생한 것이다.

메카 시기를 특징짓는 것은 신에 대한, 오로지 신을 향한 인간의 윤리학이었다. 그것이 메디나 시기에 들어서면 일차적으로 신과 계약을 맺고 신과 윤리적 관계에 들어간 인간들 사이에 계약적으로 성립된 인간적 윤리학으로 중심이 이동한다. 이것이 메디나 시기의 두드러진 특징이다. 인간적 윤리라고는 해도 물론 신과 관계가 없는 것이 아니다. 인간과 인간 사이에 신의 윤리적 성질을 실현해 가는, 신의 여러 속성을 인간적인 형태로, 인간적 존재 차원으로 옮겨 반영하면서 실현해가는 것이다. 이런 의미에서는 역시 신에 대한 인간의 윤리학이라고도 말할 수 있을 것이다. 다만 메카 시기의 그것처럼 신에 대해 인간이 갖는 단 한 겹의 윤리적 관계가 아니라, 인간적으로 굴절된 두 겹의 윤리적 관계라는 점에서 차이가 난다.

예를 들면 신에게는 신의를 중시하는 성질이 있다. 그것을 인간적으로 반영해, 희미하고 어렴풋한 반영이기는 하지만, 사람은 서로 신의를 지켜야만 한다. 약속은 꼭 지켜야 한다. 결코 거짓말을 하면 안 된다.『코란』은 거짓말이 가장 큰 악덕의 하나라고 가르친다.

그러고 보니 거짓말에 대해 다음과 같은 유명한「하디스」가 있다.

어떤 사람이 예언자 무함마드에게 질문했다.

"신앙 깊은 이슬람교도가 겁쟁이일 수 있습니까?"

"있을 수 있다."

"신앙 깊은 이슬람교도가 인색할 수 있습니까?"

"있을 수 있다."

"신앙 깊은 이슬람교도가 거짓말쟁이일 수 있습니까?"

"절대로 있을 수 없다."

예언자는 대답했다.

이슬람에서는 거짓말을 흔히 도둑에 비유한다. 도둑은 타인의 재산을 훔친다. 그와 마찬가지로 거짓말을 하는 것은 인간의 이성, 인간을 인간답게 하는 것을 훔친다는 뜻이다.

서기 11세기의 정치 이론가 마와르디Māwardī는 이렇게 말했다. "거짓말은 모든 악의 종합이며 모든 비난의 근원이다. 왜냐하면 그것이 너무나 끔찍한 결과를 낳기 때문이다." 그러나 거짓말이 악인 이유는 실제로 그것의 결과가 나쁘기 때문만이 아니다. 좀 더 근본적 이유는 신 자체의 윤리적 성질에 어긋나기 때문이다. 그리고 신의 윤리성을 자신에게 반영하고 자신의 인간적 윤리성으로 살려내는 것이야말로 인간의 종교적 삶의 이상이기 때문이다.

이것은 거짓말을 하지 않는 것에만 국한되지 않는다. 자비, 관대함, 용서, 인색하게 굴지 않는 것 등의 근본 구조는 어느 것이나 완전히 동일하기 때문에 하나하나 자세히 설명하지는 않겠지만, 대개 신의 속성이라 생각되는 성질은 모두 이렇게 인간적 존재의 차원에서 인간적인 형태로 살려내야 한다. 그것이 동일한 신앙을 나누는 사람들, 즉 정신적인 의미의 '형제' 간에 지켜야 할 인간의 도리이다. 메디나 시기의 이슬람은 이러한 형태로 종교적 기초 위에 인간의 윤리학을 수립했다. 이렇게 해서 신과의 계약이라는 기초 이념이 사람과 사람 사이의 사회계약적인 인간 윤리로까지 발전한 것이다.

요컨대 처음에는 신과 인간 사이에 맺어진 개인적, 실존적, 종적 계약이었는데 시간과 더불어 예언자를 중심으로 하는 인간과 인간의 동포적 관계, 순수하게 인간적인 횡적 계약으로 확장된 것이다. 이슬람이 사회성을 띠고 하나의 사회적 종교로 다시 태어난 것이다. 그리고 사실 메디나로 옮기고 나서 무함마드 주위에는 그러한 횡적 계약으로 굳게 맺어진 강력한 집단이 형성돼 있었고, 이렇게 성립된 신도 집단을 이슬람 '공동체', 아라비아어로 '움마'라 한다.

『코란』은 이 이슬람 공동체의 성립을 이렇게 소리 높여 선언한다.

오늘 이날 여기서 나(신)는 너희를 위해 너희 종교를 세
웠다. 나는 너희들에게 은총을 내리고, 또한 너희를 위해
종교로서 이슬람을 승인했다.   (5:5/3)

여기에서 '종교'란 이미 메카 시기의 그것, 신앙의 주체
인 개개인이 신에게 모든 것을 다 맡기고 절대 복종을 맹
세하는 실존적 결단에 바탕을 둔 신앙적 형태를 가리키는
것이 아니다. 오히려 공동체적으로 조직된 신앙적, 종교
적, 교의적 사회 기구로서의 종교이며 유대교, 기독교와
어깨를 나란히 하는 어엿한 역사적 종교를 의미한다. '이
슬람'이란 이 공동체적 종교의 정식 명칭이다.

신이 보시기에 참된 종교는 오직 하나, 이슬람이 있을
뿐…….   (3:17/19)

사람들은 이제 이슬람에 대해, 유대교와 기독교에 대해
운운하는 그것과 완전히 동일한 자격으로 말할 수 있게 된
것이다. 이것이 메디나 시기 이슬람의 근본적인 존재 방
식이다.

이슬람이 공동체 종교로서 성립됐다는 말은 예언자 무함마드의 세력이 그만큼 커졌다기보다 그의 세력이 절대적이 됐다는 사실을 의미한다. 이제 그는 일개 상인이 아니며 일개 종교인이 아니다. 종교인인 동시에 급속하게 팽창하는 공동체의 주권자로서 그것을 제어하는 권모술수에 뛰어난 정치가였다. 따라서 '예언자'나 '사도'라는 말의 의미도 당연히 변하게 됐다. 예언자, 사도는 이제 단순히 신의 계시를 받아 그것을 사람들에게 전달하는 것을 사명으로 삼은 사람을 가리키는 것이 아니라, 인간 생활에 관한 일체의 일들을 신의 이름으로 재판하고 자유롭게 처리하는 지도자였다. 이제 그는 이렇게 종교적 카리스마를 갖고 공동체를 다스렸다. 정치적 최고지도자 자격으로 공동체에 군림하기 시작한 것이다.

『코란』에서 그가 차지하는 위치를 보면 이 사실을 확실히 알 수 있는데, 신도에게 내리는 그의 명령은 거의 신의 명령과 동등한 권위를 갖고, 그의 명령에 따르는 것은 그대로 신의 말에 따르는 것, 그의 명령을 어기는 것은 곧 신에게 등을 돌리는 행위로 간주되기에 이른다.

(신도들에게) 이렇게 말하라. "너희가 만일 진정 신을 사랑한다면, 나(무함마드)를 따르라. 그리하면 신도 너희를 사랑하고, 너희 죄를 용서해주실 것이다."

또한 이렇게 말하라. "신과 그가 보내신 사도의 말을 따르라." 하지만 만약 그들이 등을 돌린다면, 신은 그 믿음 없는 자들을 사랑하지 않으시리라는 사실을 알라.

(3:29/3132)

우리는 이 말에서, 이슬람 공동체의 주권자로서 예언자나 사도가 신과 나란히 절대적 위치를 차지하게 됐다는 사실, 요컨대 무함마드가 사회 전체의 군주라는 사실을 볼 수 있다. 이것은 아랍이 그때까지 알지 못했던 완전히 새로운 사회 구조 개념이었다.

이러한 순서로 처음에는 개별 인간의 실존적 종교였던 이슬람이 이제는 사회적 종교가 돼 놀라울 정도로 빠르게 사회적, 정치적으로 조직되고 제도화돼갔다. 그리고 완전히 제도화돼 하나의 사회 질서 구조가 된 시점에서 이슬람 공동체 종교가 자기를 표현한 형태가 곧 이슬람, 이슬람의 법률이다. 다만 이것은 이슬람력 2세기부터 3세기에 걸쳐 일어난 일로, 예언자 무함마드가 살아 있을 때는 아직 거기까지 진행되지 않았다. 이슬람법에 대해서는 조금 뒤로 미루고, 여기서는 메디나 시기의 이슬람을 중심 화제로 삼아서 이 시기에 성립된 공동체 구조 자체를 좀 더 고찰해 보고자 한다. 이슬람법이란 결국 지금 말한 것처럼 다름 아닌 공동체로서의 이슬람의 종교적 형태이기 때문에 그것을 올바로 이해하려면 우선 이슬람 공동체가 어떤 것인지를 이해해야 한다.

대개 공동체라고 하는 것에는 전체를 하나로 묶어 유지할 힘이 있어야 한다. 당연한 일이지만 이슬람 공동체의 경우 그 통일 원리는 무함마드와 계약을 맺고, 그것을 통해 동포로서 서로 계약을 맺은 사람들의 연대감, 즉 자기들은 이 종·횡적 계약을 통해서 완전히 하나의 종교에 참여하고 있으며 똑같은 하나의 신앙으로 살아가고 있다는 종교적 연대의식이다. 즉 이 공동체는 하나의 신앙 공동체이다.

이렇게 말하면 너무 당연한 일처럼 생각될지도 모르지만, 아랍 역사에서 이러한 성질을 가진 공동체가 출현했다는 사실은 미증유의 대사건이었다. 즉 하나의 사회 혁명이었던 것이다.

　먼 옛날부터 아라비아에서는 부족이라는 것이 사회 구성이라기보다 인간 존재 자체의 기초였다. 한 사람의 공통된 선조의 자손이라는 자각, 정식으로 어떤 특정 부족의 일원이 됐다는 자각이 있고 나서야 사람은 비로소 제 몫을 하는 인간이 된다. 부족에서 벗어난 사람은 문자 그대로 사람이 아니다. 요컨대 모든 인간적 가치를 부족이 결정한다. 부족에게는 각각 조상 대대로 전해 내려오는 습관에 바탕을 둔 가치 체계, 순나sunnah(관습)가 있다. 그리고 부족의 가치체계를 밑에서 지탱하고 있는 것은 진한 피의 연대감, 혈연관계의 엄중함이다. 신앙이든 윤리든 모두 피의 연대감을 기초로 성립하고, 그것에 의해 결정적으로 색채가 정해졌다. 자신의 부족이 예부터 좋다고 여겨온 것이 선, 나쁘다고 여겨온 것이 악이고, 그 외에 선악의 기준은 진혀 없다. 그것이 사막인의 도덕적 판단의 유일한 기준이고, 최고의 행동 원리였다.

　같은 부족에 속한 사람들 사이를 묶는 혈연, 연대감은 아라비아에서 사막인의 존재의 밑바탕이었디. 사막에서의 유목 생활을 그만두고 메카나 메디나 같은 도시에 정착하게 된 아랍에서 이슬람이 일어났을 무렵에도 사회 구성 원리는 여전히 이 혈연 연대였다. 도시 생활을 하면서 이런저런 불순물이 끼어들어 흐려지기는 했지만, 그래도 역시 그들은 피의 연대감으로 살아가고 있었다. 선조와 혈통을 자랑하는, 옛날부터 내려온 베두인의 부족적 귀족주의가 도시 정착자 사이에서도 아직 존속되고 있었다.

피의 연대감이라는 것은 사막인에게 실로 엄청나게 강렬한 존재감각이었다. 그것은 결정적인 특징이다. 전신에 용솟음치는 엄청난 정열, 도저히 이치로는 설명할 수 없는 비합리적인, 귀신이라도 들린 듯한 힘이었다. 그러한 비합리적이고 귀신 들린 듯한 힘이 사막인의 행동, 사물을 감지하는 방식, 사고방식 일체를 지배하고 있었다.

이슬람이 종교적 공동체 이념을 내걸고 정면으로 부딪쳐간 것은 바로 이러한 사막인의 정신이었다. 이슬람은 혈연의식에 바탕을 둔 부족적 연대성이라는 사회 구성 원리를 완전히 폐기해버리고, 혈연의 끈에 의지한 연대성이 무효임을 당당히 선언하며, 그 대신 유일한 신에 대한 공통된 신앙을 새로운 사회 구성 원리로 제시했다. 설령 피를 나눈 형제, 육친이라 하더라도 본질적으로는 어떤 의의도 갖지 않는다는 완전히 새로운 사회를 구상한 것이다.

> 믿는 사람들아. 네 부모형제라도 만일 신앙보다 무신앙
> 을 좋아한다면 결코 동지라고 생각해서는 안 된다. 너희
> 가운데 그러한 사람을 동지로 여기는 자가 있다면 그런
> 자야말로 의롭지 못한 무리이다. (9:23)

친형제간의 혈연이 인정상 얼마만큼 소중한 것이든 종
교적으로는 전혀 가치가 없다는 사실은 사람이 정말 긴박
한, 진정으로 목숨이 걸린 상황에 떨어졌을 때 드러난다
고 『코란』은 가르친다. 그 상황이란 구체적으로는 종말론
적 사태를 가리킨다. 종말의 날이 다가왔음을 알리기 위
해 천사가 나팔을 분다. 그것을 듣고 허둥대며 도망치는
군중들이 있다. 아버지도 어머니도 없다. 부모·자식 관계
도 부부의 인연도 더 이상 아무런 도움이 되지 않는다.

> 드디어 나팔 소리 맑게 울려 퍼지고
> 사람들 모두 제 형제를 버리고,
> 제 아버지 어머니,

제 아내 자식을 두고 도망치는 그날,

그날이 오면 누구 할 것 없이

제 한 몸 간수하기도 벅찰 것이다.   (80:3337)

이러한 생각에 기초해 무함마드는 마침내 당시 아랍의 관점에서 보면 참으로 대담하기 그지없는 내용을 단호하게 선언하게 된다.

참으로 신이 보시기에 너희 가운데 가장 고귀한 자는 가장 깊이 신을 두려워하는 사람이다.   (49:13)

여기에서 '신을 두려워하는'이라는 말은 전에 설명한 대로 종말론적 두려움(타쿠와)을 가리킨다. 예전처럼 혈통이 인간의 고귀함을 결정하는 것이 아니라 신앙의 깊이가 그것을 결정한다는 의미이다.

서기 630년 1월, 메디나로 자리를 옮기고 있던 예언자에게 메카 시민은 항쟁을 포기하고 항복했다. 무함마드는 활짝 열린 문을 통해 승자의 자격으로 당당히 입성한다. 그는 그대로 카바 신전까지 밀고 들어가 그곳에서 제사 지내던 수백의 우상을 부숴버리고 어지럽게 흩어진 그 잔해의 한가운데에 서서 그곳에 모여든 사람들에게 새로운 시대가 왔음을 알린다. 이슬람 역사에서 유명한 연설이다.

"이제 무도無道의 시대는 완전히 끝났다. 따라서 무도 시대의 모든 피의 부채('피의 부채'란 누군가가 다른 부족 사람에게 살해당한 경우, 가해자가 속한 부족이 피해자가 속한 부족에게 지는 책임을 가리킨다), 모든 대차貸借 관계, 기타 제반 권리와 의무도 이제 완전히 청산됐다. 또한 동시에 예전의 계급적 특권도 모두 소멸됐다. 지위와 혈통을 자랑하는 일은 이제 누구라도 용납하지 않겠다. 여러분은 모두 아담의 후예로서 평등하며, 만일 여러분 사이에 우열의 차이가 있다면 그것은 다만 신을 두려워하는 깊이로 결정될 것이다."

이것이 진짜로 무함마드의 입에서 나온 말인지, 후세 사람이 가탁한 것인지는 여기에서는 묻지 않기로 하고, 어쨌든 이슬람 공동체의 새로운 사회 이념이 이 문장에 더할 나위 없이 명료하게 표현돼 있다는 사실만은 누구라도 인정하지 않을 수 없으리라 생각한다. 하나의 공동체 신앙을 간직한 사람들이 서로 형제가 된다는 계약을 맺음으로써 해서 완전히 새로운 연대감이 성립된다는 것이 이슬람 공동체의 정신이다.

피의 연대성이 무효임을 선언한 무함마드를 일생 동안 증오해 그를 몰아낼 기회만 엿보며 반이슬람 운동의 선봉장으로 초기 이슬람 역사에 악명을 떨친 자가 있으니, 바로 아부 자흘Abū Jahl이라는 사람이다. 그는 예언자 무함마드를 "무함마드는 감히 혈연의 끈을 끊어버린 무모한 사내다. 실로 대역무도한 남자다"라고 비판했다. 이슬람의 입장에서 보면 확실히 '이슬람의 원수'라는 오명에 걸맞은 사람이지만, 사실 아부 자흘이야말로 아라비아 사막인의 정신을 전형적으로 드러낸 인물이다.

피의 연결을 통한 이 연대감이 아랍의 마음에 얼마나 뿌리 깊이 파고들었는가는 무함마드 사후의 이슬람 역사를 따라가보면 잘 알 수 있다. 종교로서의 이슬람이 그 유효성을 원리적으로 완전히 부정했음에도 아랍은 혈연관계의 지배에서 쉽게 빠져나오지 못했다. 그것이 걸림돌이 돼 이슬람의 긴 역사적 발전 과정 도처에서 갖가지 사회이데올로기적 문제가 발생했다.

앞에서 잠깐 이름을 언급한 적이 있는 14세기의 역사가 이븐 할둔 같은 이는 바로 이 혈연적 연대성을 자기 역사 철학의 중심에 놓을 정도였다. 그의 유명한 '아사비야'론 이 그것이다. '아사비야aṣabīyah'란 혈연관계를 통한 연대 의식을 가리키는데, 이븐 할둔은 이것을 본래 사회적 동물 인 인간이 사회를 형성하는 데 쓰는 보편적 원리로 이론화 했다. 이 점에서 이븐 할둔은 명백히 반이슬람적이다. 이 슬람의 이념적 입장에서는 적어도 공동체에 관한 한 인간 사회의 구성 원리는 피가 아니라 신앙을 통한 연대의식이 기 때문이다.

그러나 이것이 이슬람이 출현해서 아랍의 부족제가 폐 지됐다는 말은 아니다. 현실 사회생활에서 부족제는 이슬 람 시대에도 계속 존재했다. 다만 이슬람의 새로운 사회 이념, 공동체의 통일 원리에 의해 아라비아사막에서 옛날 부터 내려온 부족제도의 정신이 전혀 효력이 없는 무의미 한 것이 됐음을 뜻할 뿐이다.

이슬람이 이렇게 사회, 즉 공동체를 통일하는 원리로 피 의 연결 대신에 신앙의 연결을 내세움으로써 종교로서의 이슬람은 몇 가지 결정적인 특징을 갖게 됐다.

나는 공동체의 종교로 확립된 이슬람의 가장 두드러진 특징의 하나로 보편성, 혹은 세계성을 들고 싶다. 본래 피의 연결을 통해 통일된 사회는 닫힌 사회이다. 마침내 혈연관계를 사회 구성의 최고 원리로 삼는 것을 그만두고 그것을 공통의 신앙으로 대체함으로써, 이슬람은 보편성과 일반성, 세계성을 획득하게 됐다. 그 출발점에서 아랍의 종교였던 이슬람은 갑자기 인류 전체에 호소하는 세계적 종교가 됐던 것이다. 피의 연결이나 혈통의 좋고 나쁨을 전혀 문제 삼지 않는 세계이다. 어떤 인종, 어떤 민족이든지 상관없다. 간단히 말해 누구라도 마음만 먹으면 이슬람 공동체의 일원이 될 수 있는 것이다. 유명한 하디스가 예언자 무함마드의 말로 이렇게 단언하고 있다. "베를 짜는 이의 빗살처럼 모든 사람은 서로 평등하다. 백인이 흑인보다 우월할 수 없다. 아랍이 비아랍보다 우선하는 일은 없다."

물론 그렇다고 해서 이슬람 공동체(움마)가 어디에나 있는 보통 인간 집단과 조금도 다를 바 없다는 말은 아니다. 역으로 이슬람의 견지에서 보자면, 이슬람 공동체는 특별히 신에게 선택받는 특별한 인간 집단이다. 『코란』은 "너회 이슬람교도는 이제까지 인류 역사에 나타난 숱한 공동체 가운데 최고 (혹은 최선)"라고 선언한다(3장 106절/110절). 그리고 최고 공동체의 종교로서 신에게 선택받은 종교, 이슬람이 최고 종교라고 생각한 것은 당연하다. 최고의 종교를 하사받은 최고 공동체, 우리는 여기에서 일종의 선민사상을 엿볼 수 있고, 이런 의미에서 이슬람 공동체의 관념에도 명백히 유대인의 그것과 닮은 선민사상의 요소가 있다고 할 수 있다.

『구약성경』에 보이는 유대의 선민사상은 유명하다. 『구약』의 신은 사랑의 신인 동시에 질투하는 신이다. 자기가 선택한 백성 이스라엘을 선민, 특별히 골라 뽑은 민족으로 간주하고 매우 특별하게 취급한다. 다른 민족의 침해를 절대로 용서하지 않는다.

그러나 이 두 가지 선민사상 사이에는 근본적인 차이가 있다. 유대의 선민, 자신들이 신에게 특별히 선택받은 백성이라는 자각에는 이상한 신비적 망아忘我, 도취가 있기 때문이다. 이 의식이 유대 민족의 유대적 특성이다. 신의 선민 이스라엘이라는 것 자체가 이른바 신의 비의秘儀이다. 선민의 일원으로 이스라엘 역사에 참여하거나 참여할 수 있다는 생각은 유대인을 황홀경으로 몰아넣는다. 이스라엘이라 부르는 유대 공동체는 민족성이라는 격렬한 정념이 지탱하는 하나의 정적情的 공동체이고, 또한 그런 까닭에 민족적으로 폐쇄되고 밀폐된 공동체이다.

이에 반해 이슬람 공동체는 좀 더 냉정하고 합리적이다. 확실히 이슬람 공동체는 신에게 선택받은 특수한 공동체이지만, 거기에는 그 자체가 신의 신비라는 식의 흥분이 없다. 이 선택받은 집단은 선택받은 집단이면서, 동시에 밖을 향해 문이 크게 열려 있다. 배타적이지 않고 개방적이다. 유대 공동체처럼 민족적으로 폐쇄된 사회가 아니라 누구라도 그 일원이 될 수 있다. 이런 의미에서 이슬람 공동체의 종교는 불교나 기독교와 마찬가지로 열려 있는 보편적, 인류적 종교이다.

이 공동체의 커다란 특징은 거기에 일단 들어가면 모든 사람이 서로 완전히 평등해진다는 사실이다. 앞에 인용한 『코란』의 한 구절에서 "믿는 자는 모두 형제"라고 했다. 아직 기억하리라 생각하는데 이 문맥에서 형제라는 말은 신의 의지에 따라, 소위 신의 면전에서 맺어진 상호 계약에 따라 완전히 평등하다는 것이다. 계약에서 생겨난 완전히 동등한 권리와 의무로 서로 맺어진 상태라는 것이다. 다만 완전히 동등한 권리와 의무라 해도 그것은 어디까지나 계약상의 평등이지 인간의 본성, 인간성 자체에서 자연히 흘러나오는 평등은 아니다. 거기에 커다란 문제가 있다.

이슬람 공동체의 특징을 이루는 철저한 만인 평등 관념을 드러내기 위해 옛날부터 흔히 쓰이는 표현에 '이슬람에서는 칼리프(지배자)나 비렁뱅이나 완전히 동등하다'는 말이 있다. 그러나 여기서 주의해야 할 것은 국가의 최고 지위에 있는 사람이나 사회의 최하층을 대표하는 비렁뱅이나 인간으로서 평등하다는, 이른바 휴머니즘적 차원에서의 평등이 아니라는 점이다. 인간으로서, 인간인 한 본성상 평등하다는 것이 아니라 공동체적 사회 계약 구조에서 이 계약관계에 들어간 사람은 누구라도 평등하다는 것이다. 인간의 자연적 본성 같은 것을 고려에 넣지 않은 특수한 사회계약적 평등이다.

그런데 이슬람 공동체가 대강 이러한 것이라고 말하면 그것은 순수하게 이슬람교도만으로 구성된 단층 구조처럼 들리지만, 실은 그렇지는 않다. 이슬람 이외의 다른 종교 신자들도 그대로 포함하는 다층 구조체이다. 이슬람은 원칙상 다른 종교 신자에게 개종을 강요하지 않고 선교도 하지 않는다. 시아파 가운데 이단적 분파인 이스마일파는 이 점에서 특수하고 예외적인 경우이며, 그것을 빼면 이슬람에는 조직적인 선교 활동이나 전도 활동이 전혀 없다. 다만 여기에서 '다른 종교'라고 해도 거기에는 한도가 있다. 신의 계시를 받은 종교, 이른바 계시종교, 특히 계시에 바탕을 둔 '성전聖典'을 가진 종교에 한해서라는 의미이다.

원래 이슬람의 바탕에는 근본적 종교 개념으로 '성전의 백성' 혹은 '계전啓典의 백성'이라는 생각이 깔려 있다. 아라비아어로 아흘 알 키탑ahl al-kitāb, 문자 그대로는 '알 키탑(책)'의 아흘(일족)이라는 뜻이다. 성존 혹은 계전을 받은 사람들의 집단이라는 말이다. 다시 말해 예언자라는 특수한 사람을 통해서 특별한 신의 계시를 받은 사람의 집단이라는 말이며, 이러한 집단은 이슬람 외에도 더 있다. 다양한 형태로 역사 속에서 자기를 드러내는 유일 절대의 '영원의 종교'라는 개념을 생각해보면 당연한 일이다. '영원의 종교'의 시간적 현상 형태 하나하나가 각각 하나의 '계전의 백성'을 성립시키는 것이다. 그러한 숱한 종교 가운데 가장 전형적인 것이 모세의 계시에 바탕을 둔 유대교, 그리고 예수의 계시에 바탕을 둔 기독교이다. 이란의 조로아스터교는 그 근본 교의인 빛과 어둠, 선과 악의 이원론이 이슬람의 절대적 일원론과 정면에서 충돌하기 때문에 포함하기에 문제가 많기는 하지만, 역시 '계전의 백성'의 하나로 인정하게 됐다. 조로아스터를 신의 예언자 가운데 하나로 생각하고『아베스타Avesta』를 신의 계시라고 생각하는 한, 아무래도 조로아스터교 신자 역시 '계전의 백성'으로 취급하지 않을 수 없기 때문이다. 다만『코란』에 열거된 많은 예언자 가운데 조로아스터의 이름은 전혀 보이지 않는다. 이 밖에 이들만큼 대규모는 아니지만, 이미『코란』에 '계전의 백성'으로 거론된 종교 교단이 있다.

이 '계전의 백성'이라는 개념의 특징은 이슬람교도가 아니더라도 '계전의 백성'으로 인정받기만 하면 훌륭하게 이슬람 공동체의 내적 구성원, 즉 구성 요소가 될 수 있다는 점이다. 이슬람을 신봉하지 않는,『코란』이외의 경전을 떠받드는 다른 '계전의 백성'은 특히 그것에 반항하지 않는 한 모두 이슬람 공동체의 내부 구성원으로서 공동체 안에 일정한 위치를 부여받는다. 물론 그 위치는 이슬람교도보다 낮고, '피보호자dhimmī'라는 종속적인 것이다. 그 표시로 특별한 세금도 부과된다. 참고로 설명하자면 그 세금은 경제적으로 이슬람교도의 주된 재원財源이었다. 이것은 '피보호자'에게 꽤나 굴욕적이었던 것 같지만, 그 대신 생명과 재산을 보호받고 평화가 보장된다. 예를 들어 기독교도의 경우, 교회 밖에까지 나와서 옥외 미사를 드리거나 교회 종소리를 울리거나, 십자가를 높이 들고 행진하거나 큰 소리로 찬송가를 부르는 일 따위를 하지 않는 한 각각 제 종교를 지키고, 자신의 독특한 전례 형식으로 신을 모시는 것이 허용된다. 더구나 그것이 모두 이슬람 공동체 내부 구조의 일부로 취급된다.

요컨대 이슬람 공동체는 단순히 이슬람교도만으로 이뤄진 공동체가 아니라, 이슬람교도가 가장 위에 서고 그 아래에 이슬람 이외의 여러 종교 공동체를 포함하면서 하나의 통일체로서 기능하는 '계전의 백성'의 커다란 다층 공동체이다.

이러한 형태로 구상된 이슬람 공동체는 얼핏 보아도 알 수 있듯 상당히 폭이 넓은 구조체이다. 하지만 그 바깥은 계전이나 신의 계시를 전혀 모르는 사람들의 세계이다. 이것은 완전히 이교異敎의 세계이고, 그것에 대해서는 오직 개종을 요구하든가 아니면 '성전聖戰', 이른바 지하드ji-hād가 있을 뿐이다. 이슬람에 관해 '한 손에는 코란, 한 손에는 칼'이라는 통속적 표현이 전에 유럽에서 많이 사용됐다. 앞서 말한 완전한 이교도, 사교의 무리에 대한 이슬람의 취급 방식에서 나온 표현이다. 거기에 십자군 원정에서 호되게 당한 경험이 있는 유럽 기독교도들의 이슬람에 대한 원망도 담겨 있을 수 있다. 하지만 그것은 거짓말이며 그럴 리 없다고 이슬람교도는 부정한다. 확실히 이슬람을 이런 식의 사고방식으로 간단하게 정리하는 것은 곤란하기 때문에 이슬람교도가 아니더라도 객관적 사실에 어긋난다는 의미에서 부정하고 싶은 마음이 든다. 그 말의 진원지인 유럽의 동양학 학자들도 학문적으로 결코 '한 손에는 코란, 한 손에는 칼'은 아니라고 말하기 시작했다.

'한 손에는 코란, 한 손에는 칼'이라는 표현은 이슬람으로 개종하든가 아니면 죽음을 선택하라는 막다른 양자택일, 이슬람 신자가 칼을 빼어들고 이교도에게 개종을 강요한다는 말인데 , 이에 반해 『코란』에는 "종교를 무리하게 강요하는 것은 절대 금물(2장 257절/256절)"이라는 말이 있으며, 이슬람은 원칙적으로 강제 개종을 혐오한다. 어디까지나 설득으로 가는 것이 원칙이다. 신앙이 없는 사람에게 되풀이해 '경고indhār'하고, 아무리 경고해도 전혀 듣지 않으려 하며 도리어 폭력으로 반항하고 적극적으로 이슬람을 저해하려는 사람의 경우에는 종교의 이름으로 그를 죽인다는 사고방식이다. 이러한 태도를 '한 손에는 코란, 한 손에는 칼'이라 할 수 있을지 매우 의문스럽다.

게다가 앞에서도 말했듯이 강제 개종은 '계전의 백성'에 대해서는 전혀 통용되지 않는다. 이슬람 초기의 대정복 시대, 이슬람군은 아라비아반도를 나와 성난 파도처럼 고대 오리엔트 문명 지역을 휩쓸면서 커다란 문제에 부딪힌다. 역사가가 자주 논의하는 주제, 정복당한 수많은 '계전의 백성'을 어떻게 취급할 것인가 하는 문제는 정치·경제적으로 이슬람의 사활이 걸린 매우 미묘한 문제였다. '계전의 백성'을 강제로 이슬람교도로 개종시켜버리면, 인두세人頭稅를 징수할 수 없게 된다. 이슬람을 신봉하지 않는 '계전의 백성'들이 내는 세금이야말로 이제 막 형성 중인 사라센 제국의 최대 재원이었다. 그러므로 그 무렵의 위정자, 이슬람 공동체의 지도자들은 이슬람을 강요하는 것이 아니라 어떻게 해서든 항복한 '계전의 백성'들이 개종할 마음을 일으키지 않도록 하는 지극히 현실주의적인 정책을 취하게 됐다.

그러나 '계전의 백성'이 아닌 진짜 사교의 무리는 사정이 달랐다. 그들에 관한 한 '한 손에는 코란, 한 손에는 칼'이라는 말이 새빨간 거짓말은 아니었다. 어떠한 의미에서도 신의 계시와 관계가 없는 사교의 무리는 이슬람으로 개종하는 것이 생명을 유지하기 위한 유일한 살길이었고, 그렇지 않으면 죽을 수밖에 없었다. 적어도 옛날에는 그러한 상황이 사실상 존재했다.

한편 이슬람이라는 종교가 (처음에 말한 것 같은) 신에 대한 인간의 개인적, 실존적 관계에서 벗어나 사회화되고 제도화된 공동체의 종교로 변함에 따라 인간관이나 그 인간이 사는 현실 세계를 보는 방식도 바뀌게 된다. 이 변화의 가장 큰 특징은 인간의 자기부정에서 자기긍정으로 옮겨갔다는 점이다.

이슬람이 처음 일어났던 메가 시기, 종교가 아직 근원적으로 개별 인간들의 실존적 문제였을 무렵에 이슬람의 인간관은 전체적으로 보아 부정적이었다. 현세를 보는 방식이 여차하면 비관적이 되기 쉬웠다는 말이다. 인간이 자기 부정적일 수밖에 없었던 것은 거기에 깊은 죄의식이 있었기 때문이다. 인간은 참으로 죄 많은 존재이다. 죄에 죄를 거듭한 인간이 최후의 심판의 날, 분노의 신을 대면해야 한다. 거기에 바로 '두려움'의 감정이 일어난다. 종교가 이 종말론적 두려움을 느끼는 생생한 감각에 집약돼 있었다.

그것이 메디나 시기, 공동체 형성 시기에 들어오면서 완전히 뒤바뀐다. 이 점에 관해서 내가 매우 중요하다고 생각하는 것은 원래 이슬람에는 원죄原罪, 기독교적 의미에서 말하는 원죄 관념이 전혀 없었다는 점이다. 있는 그대로의 인간은 확실히 이런저런 악을 저지르고 범한다. 대개 종교적 마음이 있는 사람이 진지하게 자기를 반성한다면, 자신이 매우 악한 인간이라는 자각이 인다. 즉 죄의식이다. 하지만 그것은 기독교에서 말하는 원죄 의식은 아니다. 죄를 범하거나 범하지 않을 수 없는 것이 살아 있는 인간의 존재 방식이라 하더라도, 이슬람은 그것이 인간의 본성 자체에 깊이 스며 있는 근원적 죄악성이라고 보지 않는다.

『구약성경』은 인간의 시조 아담과 이브의 실낙원 설화를 근원적으로 원죄와 결부지어 이야기하고 있는데, 이 실낙원 신화는 『코란』에도 나온다. 더구나 세부적으로 아주 조금씩 다른 형태로 세 번이나 되풀이된다. 다음에 인용하는 것은 그중 하나이다.

(신의 말) "아담아, 너와 네 처는 이 낙원에 살거라. 무엇이든 먹고 싶은 대로 먹어도 되지만, 오직 이 나무(지혜나무)에만은 절대로 다가가지 말아라. 그러지 않으면 돌이킬 수 없는 죄를 범하게 될 것이다."

그런데 사탄이 두 사람에게 살짝 귀엣말로 그들이 벌거벗고 있음을 부끄럽게 여기는 마음을 불러일으키려 했다. "신께서 너희가 이 나무에 가까이 다가가지 말라고 하신 것은 너희 두 사람이 천사가 되거나 불로불사의 몸이 되면 곤란하기 때문이나"라고 말했다. 그리고 "정말 나는 진심으로 너희를 생각해서 충고하는 것이다"라고 선언까지 했다. 이렇게 해서 두 사람은 감쪽같이 속아 넘어가고 말았다.

두 사람이 그 나무(열매)를 맛보자마자 두 사람은 자기들이 벌거벗고 있는 것이 부끄럽게 생각됐다. 두 사람은 서둘러 낙원의 나뭇잎을 엮어 몸을 가렸다.

그때 신이 부르시는 소리가 두 사람의 귀에 들려왔다. "그래서 이 나무에만은 다가가지 말라고 그만큼 일러두지 않았더냐? 사탄은 너희의 공공연한 적이라고 일러두지 않았더냐?… 떨어져 가거라. (남자와 여자) 서로 적이 되거라. 너희에게는 지상의 임시 거처와 덧없는 한때의 즐거움만이 있을 것이다.   (7:1823/1924)

그러나 이슬람은 이 흥미롭고 의미심장한 인간의 실낙원 체험을 기독교만큼 중시하지 않았다. 『코란』은 오히려 그것을 가볍게 취급한다. 아담과 이브는 일단 낙원에서 쫓겨나 지상에 떨어지지만, 그 후 신에게 죄를 용서받는다.

그러나 (나중에) 아담은 주에게서 (특별한 관용의) 말을 받고, 주는 마음을 고치셔서 그에게로 향하셨다. 참으로 주는 마음이 풀리셨다. 주는 한없이 자비로우신 분이다.
                                            (2:35/37)

이 결말에서 알 수 있듯이 실낙원 이야기는 인간 존재의 원죄성을 상징하는 설화가 아니라, 단순히 신이 인간에게 얼마나 자비로운가를 보여주는 한 증거로 취급되고 있다.

이렇게 인간의 본성은 원래 청정하고 더러움이 없는 것이라고 이슬람은 생각한다. 원죄 때문에 본성적으로 더럽혀지지는 않았기 때문에 고통을 통한 정화는 필요하지 않다. 예수 그리스도가 십자가에서 고통을 겪는, 그러한 고뇌의 실존철학은 이슬람에서는 절대로 있을 수 없다. 신이 외아들을 희생시켜 인류의 본원적 죄를 대속하는 일 따위는 이슬람에서는 도저히 생각할 수 없는 일이다.

게다가 이슬람에는 불교에서 말하는 업(카르마) 사상이나 관념도 없다. 인간은 현재의 자신이 전혀 알지 못하는 전생에 행한 일의 업을 운명적으로 짊어지는 것이 아니다. 이슬람은 다시 태어나는 것, 윤회전생輪廻轉生을 절대적으로 부정하기 때문에 업 사상이 없는 것은 당연하다.

이슬람은 그 역사적 전개 과정에서 다양하게 인도 사상의 영향을 받았지만 윤회 사상만은 줄곧 완강히 거부했다. 인도 계열의 사상 가운데 윤회, 즉 죽은 사람의 혼이 이 세상에서 거듭해서 새로운 육체를 입어 태어난다는 사고방식만큼 이슬람에 맞지 않는 것은 없다.

　이슬람은 인간은 이 세상에 단 한 번 태어난다고 본다. 이 세상의 모든 것은 시간적으로 시작과 끝이 있는 것처럼 인간의 목숨에도 절대적 시작과 절대적 끝이 있다. 죽은 사람은 부활의 날까지 백골로 변해 땅속에 머무르며, 중도에 되살아나는 일은 없다. 다시 한 번 이 세상의 생명으로 돌아오는 일은 없는 것이다.

　하지만 그토록 자신만만하던 그들(무신앙자들)도 마침내 죽음에 임하면 "주여, 저를 다시 한 번만 돌려보내 주십시오. 지금까지는 되는 대로 살아왔지만 이번에야말로 꼭 행실을 고치겠습니다"라고 말한다. 그래봐야 어차피 입에서 나오는 대로 지껄이는 말일 터이다. 또한 부활하는 그날까지 그들 뒤에는 높은 벽이 서서 가로막고 있다.

　　　　　　　　　　　　　　　　(23:101102/99100)

　'그들 뒤에는 높은 벽이 서서 가로막고 있다'는 것은, 부활하기 전까지는 이 세상에 다시 돌아오지 못한다는 말이다.

부활이라 하면 적어도 최후에는 다시 한 번 되살아난다는 말이 될 것이다. 확실히 그렇기는 하지만 윤회 사상에서 되살아나는 것과는 그 성질이 전혀 다르다. 윤회전생의 경우처럼 죽은 사람의 혼이 유명계幽冥界에 계속 살아 있다가 그것이 완전히 다른 육체에 옮겨 사는 것이 아니고, 죽음으로 끊어져 있던 그 사람의 육체가 부활의 날에 생전의 모습으로 돌아가고 그 혼이 다시 거기에 결합해 되살아나는, 말하자면 원래의 사람이 원래 그대로 되살아나는 것이다. 그러므로 부활의 날까지 몇 번이고 환생을 되풀이하는 것은 절대로 있을 수 없는 일이다. 또한 그렇기 때문에 이 세상의 삶이 중요하다. 오직 단 한 번뿐이기 때문에 책임이 있다. 자기가 이 세상에서 한 일의 결과로 생긴 모든 중량을 사람은 제 어깨에 지고 심판의 날에 신 앞에 선다. 전생의 업이라든가 이다음 생에 넘길 엄 따위는 이슬람에서 생각하지 않는다.

물론 앞에서 말했듯이 존재 세계는 어디까지나 현세와 내세의 이중구조이지만, 이렇게 되면 당연히 현세 쪽에 큰 비중이 실린다. 물론 내세를 무시한다든가 잊거나 하지는 않지만, 내세를 염두에 두면서도 실제로는 현세를 바르게 살고 현세를 조금이라도 더 좋은 것으로 만들어가야 한다는 말이다.

더구나 인간은 원죄에 의해 본질적으로 더럽혀지지는 않았다. 그러므로 현실의 인간은 확실히 악에 물들고 타락해 더러워지는 존재이지만, 그것은 우연히 더러워진 것이지 본질적인 더러움은 아니다. 인간의 힘으로 고칠 수 있는 것이다. 이러한 인간의 자기긍정적 태도가 메디나 시기의 이슬람에 확실히 나타난다. 오욕의 진창에 빠져든 한심한 인간의 현실, 현세적 존재의 모습에 여차하면 비관에 빠지기 쉬웠던 메카 시기와는 반대로, 더럽혀진 현세를 더러움이 없게 만들려 하고, 현실 사회가 불의하고 부정한 사회라면 신의 의지에 따라 정의로운 사회로 만들려고 하는 적극적 태도와 건설적 의욕으로 가득 차 있었다.

현세에 대한 이런 적극적 태도는 전에 인용했던 『코란』의 부정적 언사, "이 세상의 생활(목숨)은 한순간의 즐거움에 불과하다(40장 42절/39절)", 혹은 "이 세상의 생활(목숨)은 그저 한순간의 놀이, 유희, 허식(57장 19절/20절)" 등과 모순되는 것처럼 보인다. 그러나 그것은 현세가 모든 것이라 믿고 '어차피 짧은 인생인데 재미있게 한바탕 웃으며 사는

게 득이다. 죽어버리면 모든 것이 끝이니까'라는 생각으로 향락주의에 빠져 사는 사람들, 혹은 인생의 진정한 모습에 대해 조금도 반성하지 않고, '그저 장난삼아 혈통을 자랑하고, 재산과 자식 수를 다툴 뿐'인 나날을 보내는, 자각하지 못한 사람들에게 한 말이다. '내세야말로 불멸의 거처'임을 아는 사람들에게 현세는 결코 '한순간의 놀이'가 아니다. 반대로 지극히 진지하고 절실한 것, 그리고 깊은 종교적 의미가 담긴 엄숙한 것이다. 신은 하늘과 땅을, 존재하는 모든 것을 기분 내키는 대로 만든 게 아니라고 『코란』에도 적혀 있다. 신은 모든 것을 어떤 숭고한 목적을 위해 창조했다. 그러므로 인간도 현세를 엄숙하게 살아야 한다.

따라서 현세가 현실적으로 악이기 때문에 혐오하고, 세상을 도피해 홀로 고독한 정적 속에서 해탈을 구하려는 인도적 사고방식, 현세 부정적 태도는 이슬람 본래의 입장에서는 인정하지 않는다. 다음 장에서 말할 '내면으로 향한 길'을 택한 사람만이 그러한 입장을 취한다.

이슬람은 은둔이나 세상을 능지는 태도를 인간의 올바른 생활 방식으로 인정하지 않는다. 『코란』은 수도원 제도에 대해 그것은 원래 기독교의 제도이지 이슬람교도의 것은 아니라고 명확히 말한다.

우리(신)는 마리아의 아들 예수를 세워(예언자·사도로 삼아) 그에게 복음을 주고, 그를 따르는 사람들(기독교도) 가슴속에 상냥한 마음씨와 자비로운 마음을 두었다. 하지만 수도 생활 그것은 원래 그들(기독교도)이 제 마음대로 만든 것이지 특별히 우리(신)가 만들라고 명령하지는 않았다. 그들의 의도는 신에게 칭찬받으려는 것이었겠지만 아쉽게도 그것을 올바로 지키며 기르지 못했다.　　　(57:27)

이 마지막 문장은 수도원 제도 자체가 나쁜 게 아니라, 그것을 올바른 형태로 발전시키는 것을 게을리한 기독교도의 잘못이라 돼 있다. 또한「하디스」에 전해지는 예언자 무함마드의 유명한 말, "수도원 제도는 이슬람에 존재하지 않는다Lā rahbānīyata fī alislām"라는 말도 반드시 수도원 제도 자체가 나쁘다는 의미라고는 할 수 없다. 하지만 메디나 시기 이후의 이슬람은 아무래도 수도원 제도를 좋은 의미로 받아들이지 않는 경향이 있었다.

원래 아라비아에는 이슬람이 일어나기 훨씬 전부터 수도원이라고까지 말할 수는 없어도 사막의 오지에 조용히 움막을 짓고, 고독한 금욕 생활을 보내며 오로지 신을 섬기는 기독교 수도자, 은자들이 많이 있었다. 이슬람 이전의 옛 아라비아 시를 읽어보면, 알 수 없는 불길함으로 가득한 사막의 어둠을 헤매는 사람이 문득 저 멀리 은자의 암자에서 반짝이는 등불을 발견했을 때의 감동을 묘사하는 시구를 흔히 만나게 된다. 아라비아인은 예부터 기독교를 통해 은자적 인간의 특이한 존재 방식을 접하고 있었다.

그러나 메디나 시기 이후의 이슬람은 이러한 생활 태도를 잘못이라 여기는 쪽으로 급속히 진행된다. 왜냐하면 은자들이 현세에 등을 돌린 태도는 신이 의도하신 바 현세의 의의를 완전히 무시하고, 나아가서는 이것을 업신여기는 것이라 생각했기 때문이다. 숨어서 해탈을 구하는 대신, 당당히 현세적 생활 한가운데에 나가서 속세의 바람에 몸을 부딪치며 현세를 조금씩 낫게 바꿔가는 것이야말로 인간의 올바른 삶의 방식이라는 생각이 지배적이었다. 물론 그렇다고 해도 현세를 있는 그대로 긍정하는 것은 아니고, 그것을 신의 의지가 실현되는 장이라 여겨『코란』이 지시하는 바에 따라 그곳에 이상적인, 혹은 적어도 이상에 가까운 현실 생활을 건설하려는 것이다. 더구나 그것을 개개인이 하는 것이 아니라 공동체가 돼 진행해간다. 따라서 정치에 대한 강렬한 관심이 나오게 된 것도 당연하다. 현세적 생활을 신의 의지에 따라 올바르게 건설해가는 방법으로, 정치가 곧 종교인 것이었다. 20세기의 지도적 사상가 중 한 명인 라시드 리다Rashīd Riḍā는 1923년 카이로에서 출간된 유명한『칼리프론論』에서 "이슬람은 영성적 원리이다. 하지만 그것은 동시에 사회적, 정치적 이상이기도 하다"라고 말했다.

이렇게 정치에 직결되는 이슬람의 현세 구축적 자세가 성립된 근거를 이해하기 위해서 성속불분聖俗不分이라는 이슬람의 대원칙을 살펴보기로 하자. 존재에 성스러운 영역과 속된 영역을 구분하지 않는다는 말이다. 좀 전에 말했듯이 이슬람이 그리는 세계상에서 존재 세계는 현세와 내세를 포함하는 이중구조이다. 그리고 이중구조를 가진 그 전체가 신의 절대적 관리 아래에 있다는 점에서 현세와 내세가 함께 하나의 종교적 세계를 구성한다. 현세가 속이고 내세가 신성이라고 가르지 않는다. 현세 안에 세속적 차원과 신성한 차원, 두 가지 다른 차원을 세우지 않는다.

아우구스티누스가 말한 '신의 나라'와 '지상의 나라'의 구분, 혹은 그것과 유사한 어떤 것도 이슬람은 전혀 알지 못한다. 그러므로 19세기 말 이래 서양의 과학기술 문명이 압도적 영향력을 과시하면서, 이슬람 세계 각지에서 근대화 바람이 불어 완전히 서양식 생활 원리에 바탕을 둔, 즉 종교적 질서에서 떨어져나온 세속국가 혹은 그것에 가까운 것이 나타났다. 그러자 근대인으로서의 이슬람교도나 근대인다워지려는 이슬람교도는 매우 곤란한 문제에 직면하게 됐다.

근대 내셔널리즘의 발흥은 이런 의미에서 이슬람의 문화 구조 자체를 무겁게 내리누르는 무엇이었다. 같은 이슬람 세계라 해도 터키처럼 과감하게 '성聖'을 버리고 완전한 세속국가로 탈바꿈해 이슬람법을 철폐하고 아라비아 문자 대신 라틴 문자 알파벳을 제정해 모든 공문서를 중세부터 근대에 이르기까지 몇 세기 동인 전 이슬람 세계의 공용어로 군림했던 아라비아어가 아닌 터키어로 기록하는 대담한 개혁을 감행한 나라도 있었다. 하지만 터키만큼은 아니더라도 오늘날 이슬람권에 속하는 어느 나라에나 내셔널리즘의 파도가 밀려오고 있다.

이슬람이 내셔널리즘, 근대화, 과학기술 문명을 이상으로 삼아 서구화의 길을 걷는 데 제일 먼저 직접적으로 요구되는 것은 '성聖'의 전폐는 아니더라도 성과 속을 명확히 구분하는 일이다. 금세기 전반, 이집트 지식계급의 최고지도자로 활약했던 맹인 철학자이자 문학자인 타하 후세인Ṭāhā Ḥusayn은 다방면에 큰 영향을 끼친 『이집트 문화의 장래Mustaqbal al-Thaqāfah fī Miṣr』(1938)라는 책에서 이렇게 말했다. "정치와 종교는 완전히 다른 별개의 영역이며, 혼동이나 혼재混在를 용납하지 않는다. 종교는 하나의 가치조직으로서 일종의 교회 같은 형태로 남겨둔다. 하지만 국가는 종교에 전혀 관여하지 않는 완전무결한 세속적 국가로 존재해야 한다." 타하 후세인의 이런 주장이 전통적 종교의 아성인 아즈할대학의 맹렬한 반격에 부딪힌 것은 말할 나위가 없다. 우리에게 좀 더 친숙한 사건인 이란 혁명을 살펴보면, 근대화와 서양화에 대립하는 이슬람의 종교적 정열이 어떤 문제를 일으키는지를 새삼 느낄 수 있다.

서양 문명을 모델로 삼아 근대화를 진행하려고 하면, 아무래도 아우구스티누스가 말한 '신의 나라'와 '지상의 나라'를 분리할 수밖에 없다. 그러나 그렇게 하는 것은 이슬람 본래의 정신에 어긋나는 일이다. 성속을 분리하지 않고도 이슬람 사회를 과학기술적으로 근대화할 수 있을까? 그것이 현재 모든 이슬람 국가가 직면한, 피하려 해도 피할 수 없는 큰 문제이다.

다시 돌아가 이슬람 본래의 입장을 서술하자면, 이슬람은 '신의 나라'와 '지상의 나라'를 분리하는 것을 절대로 인정하지 않는다. 전에도 말했지만 '하느님의 것은 하느님에게, 가이샤의 것은 가이샤에게'라는 기독교적 이념이 전혀 통용되지 않는 세계이다. 물론 인간이 생활을 영위하는 이상 세속 세계는 사실상 존재한다. 그러나 이슬람의 입장에서 보면, 이것이 세속 세계라 하더라도 '성스러운 것'이 밑바닥까지 스며든 세속 세계여야 한다. 그러므로 결국 이념적으로 세속 세계라는 것은 처음부터 존재하지 않는다는 말이다. 처음부터 끝까지 신의 세계인 것이다. 실로 가잘리가 말한 대로이다. 무함마드 가잘리 Muḥammad

Ghazālī(1058~1111)는 이란 사람으로 이슬람 사상사에 위대한 발자취를 남긴 사상가인데, 그는 이 문제에 대해 이렇게 말했다. "인간의 생활 전체가, 나날의 삶 한순간 한순간이 신이 와 계시다는 감각으로 가득 차 있어야 한다. 그러한 생활 태도로 인생을 만들어가야 인간은 진정한 의미에서 신을 섬길 수 있는 것이다."

그러므로 만일 현실에서 신의 세계가 올바른 형태로 실현돼 있지 않으면, 이것을 올바른 형태로 고쳐나가야 한다. 그것이 좀 전에 말한 이슬람의 현세 긍정적, 현세 구축적 자세의 근거이고, 또한 그러한 자세로 지상에서 신의 의지를 표현하는 것이야말로 이슬람 공동체의 임무이자 이슬람 공동체의 존재 의의라 생각할 수 있다.

이러한 중대한 임무를 진 공동체의 종교, 이슬람이 근본적으로 정치적이고 사회윤리적인 종교로서 그 실천적 기능을 충분히 발휘하기 위해 취하게 된 가장 구체적 형태가 이슬람법이다.

현세를 올바르게 살아가고 이상적인 모습을 향해 한 걸음 한 걸음 현세를 구축해가는 것과 같이, 이슬람 공동체가 스스로의 종교적 임무를 오류 없이 완수하기 위해서는 치밀한 행동지침이 필요하다. 인생의 다양한 국면에서 다양한 문제가 발생하는데, 그것을 어떻게 처리해야 신이 보기에 올바른 길인지 알 수 있는 분명한 지시가 있어야 한다. 무엇을 반드시 해야 하는가, 즉 무엇이 절대선인가? 무엇을 결코 하지 말아야 하는가, 즉 무엇이 절대악인가? 이 절대선과 절대악 중간에 해도 그만 안 해도 그만인 것, 즉 선도 악도 아닌 윤리적으로 무색·무기無記·중성적인 것을 두고, 굳이 따지자면 하는 게 좋은 것으로 상대적 선, 다음으로 하지 않는 게 좋은 것으로 상대적 악, 이 다섯 가지 행동 기준을 확실히 결정해둬야 한다. 그것을 결정하는 것은 말할 필요도 없이 신의 말씀인 성전이다.

이렇게 성전을 바탕으로 다섯 가지 구분이 생긴다.

1) 절대선. 법률적으로 이것을 farḍ 혹은 wājib라고 한다. 아라비아어로 '의무'라는 뜻으로, 반드시 해야 하는 것이다. 그것을 행하면 상을 주지만, 하지 않으면 벌을 받는 행위이다.

2) 상대적 선, 법률 용어로 mandūb 혹은 mustaḥabb라고 한다. 만두브의 문자적 의미는 '권장되다' 또는 '격려를 받다'이

고, 무스타하브는 '바람직하다'는 뜻이다. 그것을 하는 것이 바람직하므로 하는 것을 권장한다. 하지만 하지 않는다 해도 벌을 받지 않는 행위를 가리킨다.

3) 선악 무기無記. 법률 용어로 mubāḥ라 하고, '허용됐다'라는 의미이다. 하지 않아도 상관없는, 그 자체로는 선도 악도 아닌 행위이다. 했다고 해서 상을 받지도 않고, 하지 않았다고 해서 벌을 받지도 않는 무규정적 행위이다.

4) 상대적 악. 법률적으로 makrūh라 하고, '싫어한다'는 말의 수동태이다. 법이 '옳다고 인정하지 않는' 행위이지만, 설령 했더라도 벌을 받지는 않는 행위이다.

5) 절대악. 법률 용어로 ḥarām이라고 하는데, 아주 먼 옛날 말로 원래 종교상의 금기, 터부를 의미했다. 이슬람법에서는 명확한 문장으로 된, 신이 금지한 것이다. 절대로 해서는 안 되는 행위, 행하면 죄를 범하게 되는 행위이다.

이상 다섯 가지, 즉 절대선, 상대적 선, 선악 무기, 상대적 악, 절대악이 이슬람법에서 가장 기본적인 윤리적 범주로 삼는 것이다. 이 다섯 가지 윤리적 원리에 입각해서 인간이 할 수 있는 모든 행동을 단호하게 분류하고 획일적으로 규정하려는 것이다. 이것이 가장 단순한 형태로 생각한 이슬람법의 구조이다.

바꾸어 말하면 이슬람법은 신의 의지를 바탕으로 삼아 인간이 현세에서 살아가는 행동 방법과 인간 생활의 올바른 존재 방식을 남김없이 규정하는 일반적 규범 체계이고, 그것을 잘 따라 사는 것이 곧 신의 섭리에 인간이 참여하는 일이다. 또한 그것은 인간이 신에 대한 신앙을 구체적으로 표현하는 방식이기도 하니, 그런 의미에서 이슬람법이 곧 종교라고 말하는 것이다.

그런데 지금 현세를 올바르게 구축한다, 인생을 올바르게 산다고 말했는데, 여기에서 말하는 '올바르게'라는 것은 당연히 '신의 지시대로', '신의 의지에 따라'라는 말이다. 이런 의미에서 보면 이슬람법은 인간 생활의 올바른 존재 방식에 대한 신의 의지를 법적으로 체계화한 것, 계약화한 것, 구체화한 것이다. 그러므로 이슬람법은 전체적으로 명령과 금지로 이뤄진 체계이다. 요컨대 신의 의지란 신의 명령이고, 그 부정이 금지이기 때문이다. 어떤 정해진 범죄 상황을 상정하고, 그것에 대한 형벌을 마련하는 일은 결코 없다. 처음부터 끝까지 '무엇을 해라, 무엇을 하지 마라'라는 명령과 금지의 체계이다.

이렇게 명령과 금지의 체계라는 점은 법 이론적으로 보아 이슬람법의 근본적 성격을 결정하는 것이다. 그리스 이래 서양에서는 노모스nomos(또는 테시스thesis)와 피시스 physis의 대립이 자주 문제시됐다(노모스는 고대 그리스에서 법률, 습관, 제도 등 인위적인 것을 가리키는 말이다. 소피스트는 이것을 피시스, 자연과 대립되는 것으로 파악했고, 그 둘의 대립을 통해 인간의 인식이나 생활의 상대성을 지적했다. 피시스는 단순히 물질적인 자연이 아니라 살아 있는 영靈으로 가득 찬 활동적, 유기적인 자연을 가리킨다. - 역자 주). 이것은 법 이론의 견지에서는, 법은 원래 인위적으로 만들어진(세워진) 것인가, 아니면 사회적 동물인 인간의 본성에서 '자연히' 생성된 것인가 하는 문제이다. 이런 관점에서 보면 이슬람법은 피시스설이 아니라 단연 노모스설이다. 다만 '제정된' 법이라 하더라도 인위적인 제정이 아니고 그것을 제정한 것은 신의 절대적 자유의지이니, 이 경우 법 제정의 형태로 발현된 신의 의지가 명령(또는 그 부정적 형태인 금지)으로 나타난 것이다.

영국의 J. 오스틴J. Austin 같은 사람의 주장에서 이러한 '법 명령설'의 전형적인 형태를 볼 수 있는데, 요컨대 법이란 명령이지 규칙이 아니라는 것이다. 법은 일반성을 가진(개개의 특수한 경우에만 해당되는 것이 아닌) 명령이라는 입장으로, 이슬람법의 입장도 바로 그것이다. 다만 이슬람의 경우 명령을 내리는 주권자가 국가 원수 같은 인간적, 상대적 주권자가 아니라 신적, 절대적 권력자라는 특징이 있다. 절대적 권력자가 자기의 절대 의지를 표현한 것이기 때문에 당연히 이 명령은 절대 명령이다. 따라서 명령을 받는 인간은 그것을 따라야 하는 절대 의무가 있다. 이것을 어기면 즉각 종교적 죄를 범한 것으로 간주돼 벌을 받아야 한다. 그러므로 인간은 무엇보다 명령의 '진의'를 정확하게 파악해야 한다. 이슬람법 이론에서, 전문용어로 '법학 기초론uṣūl al-fiqh'이라 한다, 명령법을 문법학적으로 연구하는 것이 특히 발달된 이유도 그 때문이다.

최근 서양 논리학에서도 삼단논법만으로는 아무래도 만족할 수 없어 명령법의 논리라 부를 만한 것의 가능성을 모색하는 학자가 나타났다. 그러나 이슬람법학 기초론에서는 훨씬 이전부터 명령법에 대한 매우 치밀한 연구가 진행돼 있었다. 신의 명령이라는, 어떤 의미에서는 아주 특수한 명령의 내용을 운운하기 전에 그것을 올바르게 이해하기 위한 기초 작업으로 먼저 명령법 일반을 이론적으로 연구해야 한다는 생각에서 출발한 학문이다. 즉 명령법에 해당하는 동사가 갖는 특수한 기능에 대해 그것이 구조적으로 무엇을 의미하는지, 무엇을 의미할 수 있는지를 연구하려는 학문이다.

예를 들어 '사과를 먹어라'라는 명령이 있다. 이 문장은 '명령형'으로 지금 당장 여기에서 먹으라는 말인가, 아니면 나중에라도 좋으니까 가능하게 되면 먹으라는 말인가? 또한 후자의 경우 가능하게 된 첫 단계인가, 그 뒤의 단계인가? 전부 먹어야 할 것인가, 한 입만 먹어도 좋은 것인가? 한번 먹으면 그것으로 명령의 효력은 소멸되는가, 아니면 이후로도 몇 번이고 되풀이해야 하는가? 일반적으로 누구나 먹으라는 말인가, 어느 특정한 사람만 먹으라는 말인가? 사과를 먹으라는 말은 사과만을 먹고 다른 것은 먹어서는 안 된다는 의미까지 포함하는가? 등등 실로 미세한 부분까지 파고들어 명령법의 구조적 의미를 분석해간다. 그리고 그것이 모두 신의 명령을 정확하게 파악하기 위한 이론적 기초가 된다. 사과를 먹느냐 먹지 않느냐 하는 문제라면 그 자체로서는 그다지 대단한 일이 아닐 수도 있지만, 만약 『코란』에 적혀 있는 문장이 예를 들어 '이교도를 죽여라'라는 명령이라면 그것은 중대한 문제이다. 제1장에서 말했던 성전 해석학이 이런 형태로 이슬람법 가운데 살아 있는 것이다.

원래 이슬람법이 성립된 것은 예언자 무함마드가 서거(서기 632년)한 뒤 얼마 지나지 않은 서기 8세기 초부터 9세기에 걸쳐 일어난 일인데, 이슬람을 실로 이슬람답게 한 이슬람법의 성립이란 대사업은 신의 의지를 탐구하는 데서 시작됐다. 지금 막 설명한 명령법의 연구도 그 구체적 현상의 하나이다. 신의 의지는 도대체 어디에 있는가. 그것을 알아야 비로소 인간이 어떻게 살아야 하는지를 알 수 있다. 이슬람에서는 사물의 본성이 선악을 결정하는 것이 아니다. 인간의 이성이 선악을 판단하는 것이 아니다. 신의 의지로 선악이 결정된다. 예를 들어 남의 물건을 훔친다는 행위 자체가 본성적으로 혹은 이성적으로 나쁜 일이기 때문에 나쁜 것이 아니다. 신이 그것을 나쁘다고 결정했기 때문에 나쁜 것이다. 이처럼 모든 일에 대해 선, 악, 중성과 같은 이론적 성격은 신이 세계를 다스리는 의지에 따라 결정됐다. 그 전체가 법이라는 형태로, 명령과 금지의 체계로 바깥으로부터 인간에게 부과된다.

그러므로 법 이론적 견지에서 보면 이슬람은 자연법 이론과 정반대 입장을 취한다. 무엇이 선이고 무엇이 악인가가 신의 의지에 달려 있다면 인간이 올바르게 행동하고 올바르게 살기 위해서는 다른 무엇보다 우선 신의 의지를 알아야 한다. 그렇다면 어디에서부터 어떻게 해서 신의 의지를 알아야 할 것인가? 말할 필요도 없이『코란』을 통해서 알아야 한다.『코란』은 신의 의지를 직접적으로 인간의 언어로 옮겨서 표명한 유일하고 절대적인 자료이기 때문이다.

그러나『코란』은 모든 경우에 구체적인 규정을 두고 있지는 않다. 그러므로『코란』의 문장을 그대로 읽어봐도 신의 의지가 어디에 있는지 분명하지 않은 경우가 있다. 아니, 실제로는 그러한 경우가 훨씬 많다. 그래서 주어진 문제에 관련이 있는 곳을 여기저기에서 긁어모아 대조하고 비교해서 그것을 해석해야 한다. 사정이 이렇다 보니 여기에서도『코란』해석학이 이슬람법의 형성 과정에 결정적인 중요성을 띠고 등장한다.

그러나 그것뿐이라면 일은 오히려 간단했을지도 모르지만, 실은 이슬람법은 그 형성사의 첫 단계에서 훨씬 큰 곤란에 부딪쳤다. 무슨 말이냐 하면 『코란』, 즉 신의 계시는 예언자 무함마드, 지상 최후의 예언자인 무함마드의 죽음과 함께 이슬람이 아직 아라비아반도 내부에 머물러 있는 동안에 완결됐다. 그런데 이슬람은 무함마드 사후, 순식간에 광대한 고대 문명 세계로 퍼져간다. 그리고 그곳에는 생각지도 못했던 문제가 인간 생활의 온갖 국면에서 줄지어 일어나고 있었다. 당연한 일인지도 모른다. 이론상으로는 무엇이든 궁극적으로 『코란』에 귀착하게 되는 것이지만, 실제로는 한정된 『코란』 텍스트만으로 새로운 상황에서 줄지어 일어나는 모든 문제를 깨끗하게 처리할 수가 없었다. 『코란』을 보완·보충하고 그 해석학적 사거리를 될 수 있는 한 멀리까지 늘려서 어떤 장면에서도 자유롭게 적용할 수 있는 어유를 갖게 해야 했다. 그래서 아무래도 제1장에서 말했던 제2차 성전이 필요해졌다. 그것이 바로 「하디스」이다. 「하디스」를 가지고 『코란』을 몇 겹으로 둘러싸, 그 전체를 신의 계시로 이뤄진 구조체로 제시한다.

「하디스」는 간단하게 말하자면 예언자 무함마드의 언행을 기록한 것이다. 즉 무함마드 언행록이다. 다만 언행록이라고는 해도 예언자가 한 말과 행동만을 기록한 것은 아니다. 그가 침묵한 것, 행동을 취하지 않은 것도 똑같이 중요하게 기록됐다.

무함마드에게 누군가가 무엇을 질문하고, 그것에 대해 그가 대답한다. 이것이 보통의 형태이자 가장 간단명료한 경우이다. 그런데 질문이 아니라 예언자의 눈앞에서 무엇인가 사건이 일어나고, 그것에 대해 그가 의견을 말한 경우도 있다. 또는 말 대신에 몸짓이나 눈짓으로 자신의 반응을 드러내는 경우도 많다. 그러나 누군가가 무엇을 질문해도 예언자가 침묵하고 대답하지 않은 경우, 혹은 눈앞에서 무엇인가 일어났는데도 그가 전혀 반응을 보이지 않은 경우, 그것을 「하디스」는 주의 깊게 기록했다. 그러나 「하디스」의 기록자는 보통 자신의 의견은 전혀 기록하지 않기 때문에 예언자의 침묵 또는 무반응이 대체 무엇을 의미하는가 하는 해석이 문제가 됐다. 부정적 태도를 통해 예언자는 불쾌한 기분을 드러낸 것인가 아니면 묵인한 것인가. 그것도 아니면 너무 감동해서 아무것도 말하지 못

160

한 것인가? 등등, 그것을 어떻게 해석하는가가 법적으로
의의를 갖기 때문에 「하디스」의 해석도 소홀히 할 수는 없
다. 이러한 의미에서 예언자 무함마드의 언행을 기록한
것 하나하나를 「하디스」라고 부르는 것이다.

무함마드가 예언자로 활약했던 20년간, 그의 주변에 있
으면서 그의 일상생활을 지켜본 사람들이 그가 말한 것과
행동한 것을 듣고 보면서 그것을 기억에 담아두었다. 그
정보는 실로 방대한 양인데, 이것이 그때 그 장소의 생생
하고 구체적인 상황과 더불어 일종의 짧은 일화 형식으로
후대에 전해진 것이 「하디스」로, 문학적으로는 매우 흥미
로운 예언자 일화집이다. 나아가 문학적으로 재미있을 뿐
만 아니라 이슬람 문화 형성사에서 보자면, 사실상 이것이
『코란』보다 더 중요한 기능을 했기 때문에 「하디스」를 연
구하지 않으면 이슬람 연구는 전혀 시작하지 않은 것이나
다름없다 해도 무방하다.

그런데 세상에 있는 동안 무함마드는 신의 지상 통치를
대리하는 사람이었기 때문에 문자 그대로 살아 있는 법전
이있다. 이떠한 문제가 일어나더라도 무함마드에게 신탁
을 구하기만 하면 그 대답이 곧 신의 의지였다. 그러나 그

가 세상을 뜨자 더 이상 그렇게 할 수 없었다. 이슬람의 근본적 교의에 따르면, 무함마드는 지상 최후의 예언자, 인류에게 나타난 마지막 예언자이고 그의 죽음으로 신의 직접적 계시는 완전히 끊겨버렸기 때문에 그의 사후에는 신의 의지가 간접적으로 표현된 「하디스」가 매우 중요해졌다. 그래서 진짜와 가짜가 뒤섞여 몇 만이나 되는 「하디스」가 세간에 유포됐다. 그것이 『코란』의 연장·보충으로서 제2의 성전이라는 위치를 차지하기에 이르렀다. 이렇게 해서 『코란』을 중심으로 삼고 「하디스」를 주변부로 삼는, 커다란 제2차적 성전이 성립됐다.

더구나 이슬람교도의 입장에서 보면 『코란』과 「하디스」는 무오류성을 특징으로 한다. 오류가 없다. 절대로 틀림이 없고 절대로 확실하다. 절대로 확실한 신의 의지가 명확히 문장으로 드러난 것이다. 이렇게 이해된 『코란』과 「하디스」가 법률적 사변의 근원이 됐고, 이런 의미에서 이슬람법의 소재는 이 두 가지를 통해 완전히 신뢰할 수 있는 형태로 제공됐다는 말이 된다.

다만 그것은 어디까지나 법률을 체계적으로 만들어내기 위한 소재이지, 『코란』과 「하디스」가 그대로 법적 규정이라는 말은 아니다. 주어진 소재, 즉 『코란』이나 「하디스」에 있는 어느 문장에서 일정한 규칙을 끌어내기 위해서는 텍스트 해석이라는 과정을 거쳐야 했다. 어떠한 텍스트에서 어떠한 규칙을 어떠한 형태로 끌어내는가, 그 해석학적 작업을 지배하는 정신과 해석 원리를 세우는 방식에 따라 학자들이 취하는 견해가 크게 달랐다. 그 차이를 둘러싸고 역사적으로 많은 학파가 생겼고 서로 격렬하게 대립했다. 그 가운데 중요한 네 학파가 오늘날까지 존속하며 이슬람교도의 생활을 법적으로 규정하고 있다. 한바리, 말레키, 하나피, 샤페이, 이들을 정통파 이슬람의 4대 법학파라고 한다. 모든 정통파(수니파) 이슬람교도는 반드시 이넷 중의 하나에 소속돼야 한다. 다만 정통파와 대립하는 시아파에는 시아파 독자의 법체계가 있다. 그리고 각각 자기들의 독특한 성전 해석을 바탕으로 존립하고 있다.

수니파의 4대 학파나 시아파의 법학이나, 그리고 이미 사멸한 다른 여러 학파나 지금 말한 것처럼 성전 해석 방법에 대한 원리적 입장에서 서로 두드러진 차이를 보인다. 그렇지만 이 점에서 서로 아무리 치이가 난다 하더라도 법률적 해석의 수순 자체는 어느 경우나 엄밀하게 논리적이고 합리적이다.

이슬람 법철학에서 논리학이 특히 존중받고 특별히 발달한 것은 아리스토텔레스 논리학의 영향도 있지만, 법적 사유 자체에 내재된 요청에 의한 부분이 매우 컸다. 법률의 원천은 성전, 즉 신의 계시이고 그 법적 해석은 순수하게 논리적이다. 이슬람법은 이 점에서 계시와 이성이 매우 이슬람적으로 만난 것이라 할 수 있다. 원래 인간의 이성으로는 어쩔 방도가 없는 완전히 비합리적인 계시를 소재로 하면서도 그것을 철저하게 이성을 구사해서 합리적으로 사유해 해석해간다. 그리고 그것을 법적 조직으로까지 체계화한 것, 그것이 이슬람법이다. 그러므로 이슬람법은 소위 성스러운 법, 신의 계시에 바탕을 둔 법체계이기는 하지만, 그 사실이 이슬람법이 본성적으로 비합리적이라는 것을 의미하지는 않는다. 영적 상태에 있는 예언자에게 신의 계시가 잇따라 내리고, 그것이 차례대로 이슬람법이 됐다는 식으로 생각되기 일쑤지만 그것은 올바른 사실이 아니다. 이슬람법을 법으로 형성한 것은 신의 언어 자체가 아니라 신의 언어에 대한 지성적, 합리적 해석이었다.

이슬람법은 원어로는 샤르shar' 혹은 샤리아shari'ah라고 한다. 아라비아어 원래의 의미, 법학 학술어가 되기 이전의 '샤르' 혹은 '샤리아'라는 말의 의미는 '물이 있는 곳으로 가는 길', 사막에서 물을 먹는 장소로 통하는 주요 도로라는 뜻이었다. 말할 것도 없이 사막에서 물은 생명의 근원이다. 낙타나 양, 그리고 인간이 물을 마시는 장소는 사막에서 가장 중요한 곳이다. 그러한 귀중한 장소에 바로 통하는 길, 즉 천하의 대도大道이다. 그것이 비유적으로 사용돼 샤리아는 신이 인간을 위해 연 길, 영원한 생명의 근원으로 통하는 길, 인생이라는 사막에서 그것을 따라 걸으며 살아가기만 하면 결코 잘못에 빠져들지 않는 길을 의미한다. 이슬람법은 그러한 것으로 구상된 것이다. 요컨대 인간이 인간으로 걸어야 할 올바른 길이니 이러한 명명법에서도 이슬람법의 본원적 윤리성을 엿볼 수 있다. 이슬람법은 일차적으로 인간의 공동체적 윤리, 다시 말해 인간을 도덕적으로 규제하는 사회생활의 규범 체계이다.

이슬람에서 순수한 '법전'은 한 번도 편찬된 일이 없었다. 이슬람법은 어니까시나 그 농밀한 윤리적 성격을 잃은 적이 없었던 것이다.

이슬람법은 신의 의지 자체를 명령과 금지의 체계로 형식화한 것이기 때문에 그것이 본성상 종교법이라는 사실은 두말할 필요도 없다. 다만 이슬람에서는 성과 속의 구별을 세우지 않기 때문에 종교법이라 하더라도 사람들의 일상생활 구석구석까지 규제하는 힘이 있다. 보통 우리가 종교적이라 생각하는 생활의 특별한 부분만을 규제하는 것이 아니다. 따라서 종교법이라 해도 보통 말하는 종교법과는 매우 다른 구조를 갖고 있고, 더구나 우리가 상식적으로 이해하는 법률과는 완전히 다르다.

우리 현대인의 생활과 법률의 관계에 대해 법률학자는 흔히 이런 말을 한다. "법률이란 우리가 그 안에서 살고 있는 공기 같은 것이다. 사회에서 살아가기 위해서는 꼭 있어야 하는 것이지만 우리는 그 존재를 보통은 의식하지 못한다." 일거수일투족마다 법률을 의식한다면 귀찮아서 도리어 제대로 생활할 수 없다. 촘촘하게 펼쳐져 있는 법망이 인간의 사회생활을 규제하고 있지만 그것을 우리는 일일이 의식하지 못한다. 무엇인가 특별한 사태에 휘말렸을 때 비로소 법률의 존재를 알아차리고 깜짝 놀란다는 말이다.

하지만 이슬람법은 그렇지 않다. 적어도 경건한 신자인한, 인간은 법을 의식하지 않고는 일상생활조차 영위할 수없다. 그러한 구조로 돼 있다. 이슬람법 체계에 올라와 있는 조항을 일별하기만 해도 그것을 알 수 있다.

이슬람법을 서술한 책을 펼쳐보면 우선 제일 처음에 나오는 것은 종교적 의례 규칙, 예를 들면 메카 순례 방법이라든지 라마단 달의 단식 방법, 그리고 하루에 다섯 번 예배를 드리는 방법, 예배에 임해서 몸을 청결히 하는 방법(어떤 종류의 물을 어떻게 써서 몸의 어느 부분을 어떤 순서로 씻는가. 물이 없으면 물 대신에 모래를 쓰는 것이 옛날 관습이었는데, 어떤 모래를 어떤 식으로 쓰는 게 좋은가) 등이다. 그리고 바로 그다음에 우리로 치면 민법, 친족법으로 취급할 가족 신분 관계를 정한세세한 규칙이 나온다. 그런가 하면 그것에 바로 이어 이번에는 상법 관계로서 올바른 거래 방법, 계약 체결법, 지불 방법, 돈 빌리는 방법, 빌린 돈을 갚는 방법 등이 나온다. 다음은 형법 규정으로 절도, 살인, 간통, 사기, 위증 등이다. 그러고 나서 음식물이나 마실 것, 의복, 장신구, 약물 복용법, 향료 사용법, 인사하는 법, 여성과 동석해 이야기할 때 남자가 지켜야 할 예의, 노인에 대한 배려를 표하는 방법, 고아를 돌보는 방법, 하인을 대하는 법, 식사 뒤 이쑤시개 쓰는 법, 화장실 예법까지 나온다. 우리로서는 '이렇게까지 정해두지 않아도'라고 느낄 법한, 사회생활을 비롯해 가정생활의 세부까지 상세히 규정하고 있다. 인간이 첫째로 신에 대해서, 다음으로 이웃과 동포에 대해, 그리고 마지막으로 자기 자신에 대해 해야 할 것, 해서는 안 되는 것, 해도 그만 하지 않아도 그만인 것 등을 이슬람적으로(이슬람적 배경에서 생각할 수 있는 한도 내에서 크고 작은 것 가리지 않고 빠짐없이) 명령과 금지의 형태로 규정하고 있다. 더구나 이들 모두가 인간 생활의 차원에서 구체적 형태를 취하고 나타난 신의 의지 자체이기 때문에, 무릇 신앙 있는 사람이라면 어떻게 해서라도 엄격히 지켜야 한다. 참으로 일상생활도 녹록한 일이 아닌 것이다. 법을 어기고 법을 무시하는 것은 단순히 사회 질서를 어지럽히는 일이 아니라 종교적 배신행위이다.

그러나 이슬람 문화사의 견지에서 보면 이보다 더 큰 일이 있다. 이러한 법규는 모두 『코란』과 「하디스」로 이뤄진

제2차 성전 텍스트를 다양하게 해석해 끌어낸 것이다. 따라서 해석의 자유가 인정되는 한, 어떤 문제가 일어나도 인간은 어쨌든 시의적절한 해결책을 스스로 찾아낼 수 있다.

그런데 이슬람 역사의 꽤 이른 시기에, 법률에 관한 성전 해석은 절대로 해서는 안 된다고 성전 해석의 자유를 금지당한다. 구체적으로는 서기 9세기 중엽의 일이다. 그 이래 현재까지 여전히 금지된 채로 있다.

개인이 자유롭게 『코란』과 「하디스」를 해석해 법적 판단을 내리는 것을 학술어로 '이즈티하드ijtihād'라고 한다. 이즈티하드는 보통 아라비아어로 '노력'이라는 뜻인데, 학술어로는 지금 말한 것과 같은 특수한 의미가 있다. 그 이즈티하드가 공적으로 금지된 것이다. 인간 생활에 관한 모든 중요한 문제는 이제 다 나왔고, 그것에 대한 법적 해결도 완전히 자리잡았다. 이제 논의의 여지는 전혀 없다. 그러므로 앞으로는 개인이 제멋대로 『코란』이나 「하디스」를 해석해 법적 판단을 내려서는 안 된다. 모두 옛날 권위자가 해석해준 대로 그것에 따라 판단해야 한다는 말이다.

이 사태를 이슬람 법학에서는 '이즈티하드의 문 폐쇄',

즉 자유 해석의 문이 닫혔다고 한다. '이즈티하드의 문 폐쇄'에 이르러 이슬람법 체계는 완전히 고정돼버린다. 거기에는 유연성이 결여된, 냉혹할 정도로 정연한 체계가 있을 뿐이다. 성전의 자유 해석을 금지한 덕에 이슬람이 수습할 수 없는 혼란에 빠지는 일을 피할 수 있었다. 확실히 그러했지만, 대신 활발한 논리적 사고의 뿌리를 잘라버려 이슬람 문화적 생명의 고갈이라는 중대한 위기에 부딪히게 된다. 사실 그것이 근세에 이슬람 문화가 조락하게 된 커다란 원인 가운데 하나이다.

19세기 중반 이래, 폐쇄된 이즈티하드의 문을 다시 열어야 한다는 목소리가 이슬람 세계 곳곳에서 터져 나오기 시작한다. 어지러울 정도로 빠르게 변하는 세계정세에 기민하고 유연하게 대응해 생존할 수 있는 생명력을 얻기 위해, 그리고 세계 전체의 진전에 뒤처지지 않을 만큼 근대성을 지키기 위해 아무래도 성전을 다시금 새로이 해석해 새로운 사정에 적응하는 형태로 해석할 자유가 필요하다는 소리이다.

이것과 관련해 생각나는 것은 최근 각 방면에서 이슬람

의 르네상스라는 말을 부르짖고 있다는 사실이다. 이슬람교도의 입에서도, 국외자의 입에서도 이슬람의 르네상스라는 말을 최근 자주 듣는다. 외국인의 객관적 입장에서는 석유 덕분에 경제적으로 윤택해진 이슬람 세계가 이쯤해서 한번 일어나 얼른 자신을 근대화하면 좋지 않겠냐는 일종의 안타까움인지도 모르지만, 이슬람 자신의 입장에서는 그렇게 간단하지는 않다. 이슬람의 틀을 미련 없이 팽개친다면 모를까, 그렇지 않는 한 아무래도 이즈티하드 문제에 부딪히게 된다.

현대 아랍 세계의 대표적 논객 라시드 리다는 일찍이 "이슬람 르네상스는 오로지 이즈티하드의 문을 여는 일에 달려 있다"고 말했다. 그러나 이즈티하드의 문을 다시 개방한다고 해도, 이슬람교도 누구나가 마음대로 성전을 해석해도 괜찮은 상태로 만들자는 것은 아니다. 원래 이즈티하드는 학술어적으로 『코란』과 「하디스」에 정통한 학식 있는 사람이나 뛰어난 학자, 즉 최고의 울라마에게만 허용되는 일을 의미했다. 그러한 자격자들이 각각 성전에 대한 새로운 법적 해석을 제시하고, 그것을 바탕으로 삼아 이슬람 세계가 직면한 현대적 문제에 새롭고도 완전히 이슬람적인 해석을 찾아낼 가능성, 이것이 라시드 리다나 그와 의견을 같이하는 사람들이 생각하고 있는 것이다.

그렇지만 처음부터 이즈티하드의 문을 닫지 않았던 시아파 이슬람을 제외하면, 아랍 세계에서는 여전히 이즈티하드의 문은 열리지 않았다. 그러므로 옛날 그대로인 이슬람법으로는 아무리 해도 현대 세계에서 살아갈 수 없다고 믿는 사람들은 이슬람법을 깨끗이 버리고(수니파적으로 생각하면 이슬람 공동체를 떠나는 것을 의미한다), 서구주의자가 돼 서양의 근대법에 따라 살아간다. 이것은 현대 이슬람이 안고 있는 커다란 문제 가운데 하나로 이 문제를 어떻게 해결할 것인가가 현대의, 적어도 수니파(다수파)에 속한 사람들이 당면한 과제이다.

이상 간략히 서술한 것에서도 알 수 있겠지만 공동체의 종교가 되고, 이슬람법이라는 형태로 고정되기에 이른 이슬람은 외면적으로는 단단한 문화 구조체가 됐다. 그러나 그 대신 종교가 사회제도화되고, 정치의 장이 돼 실존적 신앙의 싱싱한 생명력은 상실되고 고갈돼버린 것도 부정할 수 없는 사실이다. 참으로 신앙의 위기이다. 법률주의는 형식주의라고 흔히 말한다. 확실히 법률주의가 극단으로 치달으면 종교는 형식에 떨어지고 형해形骸만 남는다. "이슬람이 그 법률성에서 완성됨과 동시에 정신은 죽었다"고 주장하는 사람들은 이 점을 예리하게 지적한다. 그러나 이슬람이 그 정신 면에서 죽어버렸다고 판정하는 것은 너무 난폭하지 않은가 하는 생각이 든다. 왜냐하면 이슬람 내부에는 아주 초기부터 이러한 종교의 형식화에 정면으로 반대하며 그것과 대결한 정신주의의 커다란 조류가 있었고, 현대에도 여전히 그 생명력을 조금도 잃지 않았기 때문이다. 그것은 앞서 이야기한 율법주의를 뿌리 밑바닥에서부터 뒤집어버리는 맹렬한 실존적 내면주의 경향이다. 원래부터 이슬람이 독자적 문화 구조체로 발전할 수 있었던 것은 종교를 바깥에서부터 단단하게 하려는 법률주의와 종교를 인간 실존의 내면적 깊이에 두고 그것을 통해 이슬람의 정신성을 지키려는 정신주의, 이 두 가지 서로 정반대되는 경향 사이에서 빚어진 모순적 긴장이 있었기 때문이라고 나는 생각한다. 이슬람의 이 정신주의적 경향, 그것을 '내면으로 향한 길'이라는 제목으로 다음 장에서 설명하고자 한다.

제3장
내면으로 향한 길

제2장 첫머리에서 나는『코란』에 기록된 신의 계시의 역사 약 20년간을 전기(메카 시기), 후기(메디나 시기) 각각 약 10년씩으로 나눠 그 특징을 간단히 설명했다. 물론 양태를 너무 단순화해서 서술하는 것은 학문적으로 매우 위험한 일이지만, 이슬람 문화의 본질적 성격을 밑바탕에서부터 이해하기 위해서는 먼저 대강 그 전체상을 보아두는 것도 중요하다고 생각한다. 그리고 이러한 입장에서 일단 성전『코란』텍스트의 성립 과정을 전기, 후기로 나눠보면 그것이 결코『코란』의 내용에만 걸리는 문제가 아니라 좀 더 큰 문화사적 범주로 기능할 수 있음을 알게 된다.『코란』의 전기, 후기는 거기에 기록돼 있는 신의 말을 두고 그 후 몇 세기에 걸쳐서 해석학적으로 전개돼가는 이슬람 문화의 두 가지 기본 양식을 시사한다는 사실을 알 수 있다. 바꿔 말하면『코란』의 전기 메카 시기의 성격이 하나의 문화 양식을, 그리고 후기 메디나 시기의 성격이 완전히 다른 또 하나의 문화 양식을 하나의 이슬람 틀 안에서 모순·대립적으로 만들어낸다는 말이다. 거기에서 이 분할이 얼마나 중요한지를 알 수 있다.

그런데 나는 제2장에서『코란』전기 메카 시기의 두드러

진 특징으로, 종교가 최후 심판의 종말론적 비전을 배경으로 인간의 개인적, 실존적 결단에 관련된 점이었다는 사실을 지적했다. 요컨대 메카 시기의 이슬람은 하나의 신앙 체계로서 유기적으로 조직되고 제도화된 역사적 종교가 아니라, 인간 개개인의 생생한 종교적 실존 방식에 직접적으로 연결된 것이었다. 자기의 죄악성을 자각한 인간 주체가 신의 부름에 어떻게 결단하고 어떻게 응하느냐는 신앙의 문제였다. 이제부터 이야기할 '내면으로 향한 길'이라는 것은 대개 이 메카 시기 이슬람의 계통을 이끄는 문화 양식이다.

그런데 '내면으로 향한 길'이라고 하면 당연히 '외면으로 향한 길'을 대립항으로 예상할 수 있다. '외면으로 향한 길'이란 여기서는 제2장에서 제법 상세히 설명한 공동체(움마)를 향한 길, 즉 『코란』 후기 메디나 시기의 정신에 바탕을 둔 문화 양식으로, 종교를 사회화·정치화·법제화하고, 마침내는 그것을 앞에서 말했던 이슬람법(샤리아)으로까지 확립한 정통과 울라마들의 길을 가리킨다. 이슬람법이 견고한 형식적 틀로 단단하게 바깥쪽을 다진 공동체 종교로서 이슬람을 반석 같은 기초 위에 세운 울라마들의 입장이야말로 이번 장의 주제인 '내면으로 향한 길'을 택한 사람들의 눈으로 보자면 실로 '외면으로 향한 길'이라는 명칭에 부합하는 것이었다.

'외면으로 향한 길'이라고 하면 어딘가 경멸조의 울림이 있는 듯하고, 또 사실 '내면으로 향한 길'을 대표하는 사람들에게는 경멸을 넘어 증오의 대상이 되기도 했다. 하지만 객관적으로 보면 결코 '외면으로 향한 길'을 외면적이라는 이유로 경멸할 수는 없다. 연대로 보면 서기 8세기에서 9세기에 걸쳐 성립된 '외면으로 향한 길'의 문화, 나는 이 아랍적 문화가 누가 뭐라 해도 이슬람 문화의 기초이고, 만약 이 기초가 없었다면 이슬람 문화는 존재할 수 없었으리라고 생각한다.

이 길을 걸은 울라마들에게는 자기 일에 대한 그만큼의 자부심과 긍지가 있었다. 그러므로 물론 그들 자신이 종교의 바깥, 표면에만 관련됐다든가 자신들은 외면주의자라고 생각하고 있었을 리가 없고, 더군다나 그런 것을 주장할 리가 없다. 다만 이제부터 이야기할 '내면으로 향한 길'을 택한 사람들의 눈으로 보면 아무래도 그것이 외면주의, 형식주의로 비칠 것이다. 그리고 그러한 비판을 받을 만한 구석도 있다. 대체 울라마들의 어디를 외면주의라고 하는가, 외면주의에 어떠한 결함이 있는가. 그것은 이제부터 하는 얘기에서 차츰 알게 되리라고 생각한다.

울라마들이 이슬람을 사회제도적 형태로 발전시키던 바로 그 무렵, 완전히 그 역방향을 향해서 내면적 관점이라 부를 만한 것을 중시하며 나가려는 입장이 이슬람 문화 형성의 저류底流로 강력하게 작동하기 시작했다. 여기에서 내면이라고 하는 것은 감각, 지각, 이성으로는 전혀 포착할 수 없는 사물의 감춰진 차원이자 존재의 깊은 곳이며, 모든 사물에 대해 이런 의미에서의 내면, 심층을 인정하고 그것을 탐구하려 했다. 어떤 것에든 보통 사람의 눈에는 보이지 않는 깊은 곳이 있다. 물론 종교에도 그런 의미에서의 내면이 있을 터이다. 일반적으로 울라마에 대비해 '내면으로 향한 길'을 택한 사람들을 '우라파'라고 한다.

울라마ʿulamā와 우라파ʿurafā. 둘 다 아라비아어이고 문법적으로는 복수형이다. 울라마의 단수형은 알림ʿālim, 우라파의 단수형은 아리프ʿārif, 둘 다 '아는 사람'이라는 뜻이다. 다만 같은 '아는 사람'이라 해도 울라마와 우라파는 사물에 대한 앎의 방식이 근본적으로 다르다. 알림은 '학자'라는 번역어가 딱 들어맞는, 사물을 학문적으로 연구하거나 이성적으로 생각해서 아는 사람이고, 그 '지知'는 주로 사물의 개념적, 사변적 이해에 바탕을 둔 개념적 지식이다. 이에 반해 아리프라는 것은 합리적, 분석적 사변에 의지하지 않고 오히려 그 너머에 있는 사물의 진상(심층)을 비합리적 직관에 의해, 혹은 그 사물이 의식의 심층에 불러일으키는 상징적 형상을 통해서, 간단하게 말하면 영감에 의해 사물의 내면적 본질을 파악해가는 사람을 가리킨다.

지금 말한 것은 아라비아어 울라마(알림)와 우라파(아리프)의 기본적인 의미인데, 이슬람적 맥락에서 우라파는 종교를 영성적, 정신적 내면성에서 체득하려 하는 사람들을 의미한다. 그러므로 당연히 그들의 눈으로 보면 울라마들이 만들어낸 공동체적 종교, 율법적이고 샤리아적인 종교는 내면 정신을 결여한, 또는 내면 정신을 무시한 외면적 종교이며 외면주의의 산물에 지나지 않을 것이다.

이렇게 내면적 종교, 내면화된 종교를 우선으로 하는 우라파는 울라마의 샤리아 지상주의, 종교로서의 이슬람을 그대로 샤리아와 동일시하고 법이 곧 종교라고 생각하는 울라마의 율법적 정신에 반발해 격렬하게 대립하게 된다. 그것이 얼마나 격렬하고 끔찍한 것이었던가. 헤아릴 수 없이 많은 목숨이 그 때문에 사라졌고 이슬람 문화를 붉게 물들였다. 괴로움으로 가득 찬 이슬람 문화의 음울한 측면이다.

그러나 그 반면, 생각해보면 이 두 가지 상반되는 문화 양식의 모순적 대립이 있었기 때문에 이슬람 문화는 전체적으로 외면과 내면, 매우 정치한 형식과 깊은 형이상적 形而上的 영성을 동시에 구비한 혼연일체의 문화 구조체가 될 수 있었다. 이슬람의 내부에서 태어난 두 개의 정반대되는 문화 양식 사이에 문자 그대로 서로 목숨을 건 싸움이 천 년 이상이나 지속되며 오늘날에 이르렀다. 거기서 우리는 긴장감 넘치는 이슬람 문화사의 역동적인 성격을 볼 수 있다고 생각한다.

이슬람 문화 내부의 이 모순적 대립의 한쪽 극점을 대표하는 울라마는 이슬람을 그대로 샤리아 체계에 집약함으로써 강력하고 견고한 사회제도 형태를 부여했다. 그들은 세계사에 유명한 사라센 제국의 기초를 확립하는 데 성공한 사람들이며, 그 사실에서 쉽게 예상할 수 있듯이 정치 분야에서는 체제파이고 보수 세력을 대표한다. 이슬람 역사 내내 이 사람들은 대개의 경우 그때그때의 정치권력과 결부되고, 그것을 통해 자기들을 정치적 권력구조의 일부로 편입시키는 데 성공했다. 이렇게 해서 서기 9세기 이후, 이슬람 공동체 내부에서 울라마는 종교 본래의 영역은 물론이거니와 정치적으로도 큰 세력을 이뤄 사실상 공동체의 지배자나 다름없는 위치에 올라섰다.

이에 반해서 '내면으로 향한 길'을 걸은 우라파는 외면주의자 울라마에 대항하고 그들과 싸우는 입장이었기에 울라마와 굳게 손을 잡고 울라마에게 전면적 지지를 보낸 권력, 체제에 저항하지 않을 수 없었다. 즉 반체제파이다. 그들은 종종 정부에 대한 반역자로, 또한 『코란』의 가르침에 등을 돌린 배신자 또는 이단자로 박해당하고 죽임을 당했다. 앞서 이슬람 문화사는 '외면으로 향한 길'과 '내면으로 향한 길' 사이의 격렬한 투쟁으로 말미암아 피로 물든 역사였다고 말했는데, 피를 흘린 것은 대체로 '내면으로 향한 길'을 걷는 사람들이었다. 정부의 정치력, 군사력과 결부된 울라마들의 힘이 압도적으로 강했기 때문이다.

'내면으로 향한 길'을 걷는 사람들 사이에서 태어난 문화 양식, 특히 앞으로 이야기할 이란적 이슬람, 즉 시아파 이슬람의 문화에 어딘지 모르게 비극적인 분위기나 운명적 비장감 같은 것이 흐르고 있는 것은 그 때문이다. 시아파의 시조 제1대 이맘imām인 알리와 그의 두 아들 호산과 후세인, 특히 후세인의 죽음을 둘러싼 '카르발라의 비극(수니파 칼리프 야지드 1세가 이라크의 카르발라에서 시아파 3대 이맘 후세인 이븐 알리와 추종자들을 몰살한 사건 - 역자 주)'이 있다. 시아파는 그 기원에서부터 이미 비극적이었고, 그러한 슬프고 아픈 기원까지 거슬러 올라가는 시아파 사람들의 역사 감각은 현저하게 비극적이다. 예언자 무함마드가 세상을 떠난 이래, 이슬람 역사 자체가 정의에 반하는 왜곡되고 잘못된 역사이며 자신들은 근본적으로 잘못된 세상에서 살아왔고 지금도 여전히 살고 있다는 감각이 그들의 심층 의식에 늘 잠복해 있다.

시아파 제6대 이맘(자파르 일 사딕ja far al-ṣādiq, 765년 사망)은 "우리는 이방인, 이국인"이라 말했다. '외면으로 향한 길'

을 걷는 울라마들이 수립한 공동체적 기구 안에서 그들은 실제로 자기들이 이방인이라 느끼고 있었고, 또한 그렇게 자각하는 것이 올바르다고 여겼다. "우리는 고대 이집트, 파라오의 백성 사이에 살았던 이스라엘인과 같은 처지에 있다"는 시아파 제4대 이맘(알리 자인 알 아비딘ʿAlī Zain al-ʿĀbidīn, 711 혹은 714년 사망)의 말은 이 감각을 잘 표현하고 있다. 하지만 사실은 시아파만이 아니었다. 일반적으로 '내면으로 향한 길'을 택한 사람들은 크든 작든 자기들이 이슬람 공동체의 이방인이라는 사실을 의식하고 있었다. 또한 동시에 이방인이라는 사실에 힘입어 자신들이 진정한 의미에서의 이슬람교도라 여기는 자부심이 있었다. '내면으로 향한 길'의 문화는 부정적 의미 부여와 긍정적 의미 부여 사이를 오가는 이러한 이방인 의식의 굴곡 때문에 특이한 색채를 띠게 된다.

그런데 이슬람을 벗어난 일반적 종교에서는 흔히 안과 밖, 혹은 그것과 비슷한 구별이 이뤄진다. 예를 들면 영어에서는 개방적인exoteric 종교와 비교적秘教的esoteric 종교라는 표현이 있다. exoteric은 그리스어 ἔξω(eksō), 즉 '바깥', '바깥에서', '밖을 향해서'라는 말에서 나온 것이기 때문에 요컨대 개방적인 종교란 바깥을 향한 종교이다. 반대로 esoteric은 '안쪽에'라는 그리스어 ἐσω(esō)에서 나온 말이니 비교적인 종교라고 하면 '안쪽을 향한 종교'를 의미한다. 불교에서도 현교顯教와 밀교密教라는 것이 있는데 본질적으로는 같은 구별이다. 현교는 exoteric Buddhism, 밀교는 esoteric Buddhism이다.

그것과 비슷한 구별이 이슬람에도 있어서 한쪽을 자히리적 이슬람, 다른 쪽을 바티니적 이슬람이라 한다. '자히리zāhirī'는 문자 그대로 '겉의', '겉에 드러난'이라는 뜻이다. 즉 겉을 향한 외면적인 이슬람이다. 이에 반해 '바티니bāṭinī'는 '안의', '속에 깊숙이 감춰진'이라는 형용사이다. 따라서 바티니적 이슬람은 내면을 향하는 비교秘教(밀교密教)적인 이슬람을 가리킨다.

구체적으로는 울라마가 세운 공동체의 종교, 율법적 이슬람이 바로 외면을 향한 자히리적 이슬람이고, 그것에 대항하는 우라파 사이에서 자라난 것이 내면을 향한 바티니적 이슬람, 이슬람의 비교이자 이슬람의 밀교이다. 앞에서도 조금 말했지만 '표면적'이고 '외면적'이라 하더라도 이 표현 자체로는 아무런 가치 판단을 포함하고 있지 않다. '표면적', '외면적'이기 때문에 값싸고 천박한 것은 아니다. 그러한 평가는 입장의 차이에서 생긴다. 현교적 입장을 택한 사람에게는 '표면적'이기 때문에 진정한 진리이다. 이슬람적으로 말하면 신은 인간에게 무엇 하나 감추거나 하지 않는다. 무엇이든 계시로 있는 그대로 보여주며, 신의 계시에 비밀스러운 이면 따위는 없다. 그렇기에 계시가 존귀한 것이다. 다만 이러한 형태의 이슬람은 '내면으로 향한 길'을 걷는 사람들의 눈에는 나쁜 의미에서의 '표면적' 종교로 비친다.

이슬람의 공식적 얼굴이라 할 수 있는 현교는 제2장에서 자세히 다뤘다. 그러므로 그 가장 중요한 중심적인 기본 개념, 혹은 키워드가 '샤리아(이슬람법)'라는 사실은 이미 알고 있을 것이다. 그에 반해 이슬람의 감춰진 얼굴이라 할 만한 밀교에서 중심적 위치를 차지하는 키워드는 하키카Ḥaqīqah이다. 참고로 조금 학문적으로 따지자면, 최근의 책이나 논문에서는 h 밑에 점을 찍어 ḥ로 표기하는데, 옛날 책이나 대중적인 책에서는 페르시아어식 혹은 터키어식 발음으로 haqiqat, hakikat라고 쓰는 경우가 많다.

어느 쪽이든 상관없지만 ḥaqīqah로 표기하는 것이 원어의 철자를 가장 충실하게 옮긴 것이다.

하키카는 아라비아어로 진리, 실태, 실상, 리얼리티라는 뜻이다. 지금 내가 설명하고 있는 문제의 맥락에서는 일단 '내적 진리' 혹은 '내면적 실재성' 정도로 번역하면 좋으리라고 생각한다. 어쨌든 '샤리아'와 '하키카', 이 두 가지 키워드를 통해서 '외면으로 향한 길'을 걷는 울라마의 종교관과 '내면으로 향한 길'을 걷는 우라파의 종교관이 이슬람 문화사 속에서 첨예하게 대립하고 있는 양상을 살펴볼 수 있다. 그러나 이 대립의 첨예함을 확실히 이해하기 위해서는 하키카라는 말이 이 장면에서 구체적으로 무엇을 의미하는지를 조금 더 분석적으로 설명해야 할 것이다.

일반적으로 이슬람에서 '내면으로 향한 길'을 택한 사람들은 사물을 볼 때 어떤 사태, 사건이든 반드시 그 안에 눈에 보이지 않는 감춰진 본질이 있다고 확신하며, 그것을 아주 깊이 추구하려는 특징이 있다. 사물이든 사건이든 모든 외적인 것, 바깥에 드러난 것, 외형을 가진 것, 즉 가시적인 것은 반드시 그 심층 부분에 눈으로 볼 수 없는 본질을 감추고 있다고 이 사람들은 믿고 있다. 모든 외적인 것은 내적인 것이 자기를 표현하는 장소이다. 여기에서 말하는 내적인 것이라든가 눈으로 볼 수 없는 본질은 일종의 형이상적 에너지 같은 것이고, 형이상적 에너지인 한 자기를 밖으로 표출하고 표현하지 않을 수 없다. 그것이 외적 사물로 드러나는 것이다. 그러므로 외적인 것, 현상적 사물이 존재의 차원에서 결코 무가치하고 허망하다는 말은 아니다. 다만 외적인 것을 그것만으로 완결된 것으로 간주해, 그 안에 자기를 그러한 형태로 표현하는 내적 본질을 보는 일을 간과해서는 안 된다는 말이다.

밖으로 드러난 형태의 배후 혹은 밑바닥에 있으면서 그것을 안에서 지탱하고 있는 내적 본질, 그것을 하키카라고 부른다. 하키카는 가시적인 것의 보이지 않는 밑바탕, 문자 그대로 존재의 비밀이다. 물론 '비밀'이기 때문에 보통 사람의 눈에는 보이지 않는다. 평범한 상태에 있는 의식으로는 인지할 수 없다. 의식의 어떤 특이한 심층 차원이 열리고 일종의 독특한 형이상적 기능이 발동될 때 비로소 모습을 볼 수 있는, 존재의 내적 본질이다. '내면으로 향한 길'을 걷는 사람들에게는 세계의 모든 것이 외면과 내면의 이러한 이중구조를 갖고 있으며, 물론 종교도 마찬가지이고 이슬람도 그러하다. 이슬람에는 샤리아라는 외형, 겉으로 드러난 종교로서의 형태가 있지만, 그 자체로 자족한 것이 아니다. 샤리아 안에는 그것을 보이지 않는 차원에서 지탱하고 그것을 통해 자기를 표현하고 있는 내적이고 정신적인 실재성, 즉 하키카가 있다. 하키카의 자기 표현 형태, 혹은 장소라는 점에서 샤리아(이슬람법)는 그 나름의 존재 이유를 갖고 있고, '내면으로 향한 길'을 걷는 내면주의 사람들도 일률적으로 샤리아가 나쁘다고 말하지는 않는다. 시아파의 이단 분파 이스마일파는 서기 1164년 8월 8일 '암살단'의 근거지로 사람들의 마음에 공포의 어두운 그림자를 던지고 있던 아라무트의 산채에서 '내면적 이슬람' 시대의 도래를 알리고 샤리아의 전면적 폐기를 선언했다. 하지만 그러한 예외적인 경우를 제외하면 보통은 다만 울라마가 하는 것처럼 샤리아가 곧 종교라는 식으로 이슬람을 그대로 샤리아로 환원시키는 태도, 그것을 외면주의라고 비난한다. 하키카가 없는 샤리아는 생명 없는 껍데기에 불과하다는 것이 이 사람들의 신념이다.

그러나 또한 이 사람들은 이 사람들대로 하키카를 중시한 나머지 여차하면 내면주의를 극단까지 몰고 갈 위험이 있다. 그렇게 되면 샤리아 그 자체가 악이 돼버린다. 샤리아를 멸시하거나 완전히 무시하고, 샤리아를 통해 사회제도화된 공동체적 이슬람에 대해 일체의 타협을 거부한다. 이 점에서 이슬람은 역사적으로 몇 번이나 위기에 빠졌다.

이상으로 '내면으로 향한 길'을 걷는 사람들의 일반적 입장과 그것의 바탕을 이루는 중핵적 이념인 하키카가 어떠한 것인지 일단 설명됐으리라 본다. 그럼 이번에는 그 사람들이 그것을 어떻게 역사적으로 전개해 내면적 이슬람, 혹은 영성적 이슬람이라 부를 만한 중요한 문화 패턴을 완성했는가 하는 문제를 고찰하고자 한다.

우선 첫 번째로 주의해야 할 것은 똑같은 '내면으로 향한 길', 하키카 제일주의라 하더라도 모두 같은 방향으로 나아간 것은 아니다. 그들은 크게 매우 다른 두 개의 그룹으로 나뉘어 서로 다른 형태, 다른 방향으로 내면적 이슬람의 발전에 관계했다. '내면으로 향한 길'의 문화에 두 가지 다른 계통이 있다는 말이다. '내면으로 향한 길'의 두 가지 계통, 그 하나는 시아파적 이슬람이고 다른 하나는 수피즘이라는 이름으로 서양에 알려진 이슬람 신비주이다. 시아파적 이슬람과 신비주의적 이슬람(수피즘)은 하키카 중심주의라는 점에서는 완전히 일치하고, 큰 의미에서는 하나의 동일한 문화 양식을 구성하지만, 본래부터 역사적 기원, 사상 경향, 존재 감각 등이 현저하게 다르니 이것을 혼동하지 말아야 한다. 지금부터 두 가지를 나눠 설명하기로 한다.

먼저 시아파를 다루기로 하자. 다만 시아파라 해도 몇 가지 파가 갈라져 있어 매우 복잡하며, 전부를 서술하려 하면 도리어 혼란스러울 수 있기 때문에 여기서는 그 가운데 문화사적으로 가장 중요한 16세기 초부터 현재까지 이란의 국교로 눈부시게 활약하고 있는 '열두 이맘파'로 범위를 좁혀 이야기하겠다.

제1장에서 나는 이슬람 문화 전체의 두드러진 특징으로, 그것이 실로 철저한 성전 해석학적 문화라고 말했다. 성전이란 말할 것도 없이 제1차적으로는 『코란』이다. 이슬람교도는 성전 『코란』을 읽고 그것을 다양하게 해석하고 이해한다. 그 해석이 문화 형태로 구체화돼간다. 이것은 이슬람 문화사 일반에 들어맞는 원칙인데, 시아파는 특

히 '의식적으로' 해석학적이다. 하지만 의식적으로 해석학적이 되지 않을 수 없는 사정이 있었다. 무슨 말이냐 하면 현교로서의 이슬람을 대표하는 정통파 울라마, '외면으로 향한 길'을 걷는 사람들은『코란』텍스트를 보통의 아라비아어 문장이나 어구로서 아라비아어의 어의나 문법이 지시하고 허용하는 범위에서 그 의미를 해석하지만, 시아파에서는 그들과 달리 반드시 한층 더 깊은 곳에 있는 '내적 의미'를 찾으려 하기 때문이다. 여기에서 내적 의미라고 한 것은 '비밀스러운 의미', 비교적秘敎的 의미를 가리키며, 이러한 해석을 가하면『코란』텍스트가 보통의 아라비아어 지식으로는 도저히 생각할 수 없는 이상한 의미를 갖게 되는 일도 적지 않다. 물론 현교인 울라마들도『코란』을 그저 문자 그대로 외면적, 표면적 의미로 이해하고 만족하는 것은 아니다. 그들도 성전을 가능한 한 '깊이' 이해하려고 한다. 그들에게도 그들 나름의 내면적 해석이 있다. 그러나 그 내면적 해석은 시아파가 문제로 삼는 '비밀스러운 의미'까지 가지는 않는다.

그러면 왜 시아파의『코란』해석이 그렇게까지 '내면적'으로 됐는가. 그것은 그들이 모든 것에, 그리고『코란』자

체에도 하키카가 있음을 인정하기 때문이다. 그리고 그것
이 바로 시아파가 시아파인 이유, 시아파를 시아파답게 하
는 가장 근본적인 원리이다. 시아파의 내면주의가 이만큼
간략하고 직접적으로 드러난 경우는 달리 없다.

　이처럼 신의 언어 내면에 '비밀스러운 의미'를 인정하는
시아파 사람들에게는 『코란』은 하나의 암호 책이다. 글자
그대로 읽는 보통의 책이 아님은 물론, 단순한 종교서도
아니다. 전편이 암호로 가득 찬, 암호로 쓰인 책이다. 『코
란』의 말은 보통의 아라비아어이지만, 그 이면에 숨은 정
신적 의미인 하키카가 있다. 즉 이 아라비아어는 암호언
어이다. 시아파의 유명한 하디스에 "『코란』에는 비교적 깊
이가 일곱 층으로 겹쳐 있다"는 말이 있는데, 이러한 감춰
진 의미의 깊이가 있기 때문에 『코란』은 암호 책이다.
　물론 암호는 해독돼야 한다. 이 암호 해독, 다시 말해 외
면적 의미에서 내면적 의미로 옮기는 해석학적 작업을 시
아파의 독특한 학술어로 '타윌ta'wīl'이라 한다. 아라비아어
로 '원초에 되돌아가게 한나', 즉 제일 치음 상태로 환귀시
킨다는 말이다. 그러므로 시아파의 해석학적 학술어로는

평범한 인간의 언어로 표현되고 외면화된 신의 의지를 본래의 신의 의지 자체, 소위 계시의 원점으로 되돌아가게 하는 것이다. 요컨대 현교적으로 해석된『코란』의 의미를 다시 한 번 밀교적 의미로 고쳐 해석해 표면적 의미를 내면화하고 그것을 원초적 이데아까지 되돌리는 것을 의미한다. 예를 들어『코란』에는 그 당시 예언자 무함마드 주변에 일어난 갖가지 사건이 구체적으로 기록돼 있다. 전쟁, 화해, 무함마드의 가정에 일어난 사적인 사건 따위, 이러한 외적 사태를 공간적, 시간적 차원을 옮겨 내적 공간과 내적 시간의 사태로 해석한다. 그리고 이러한 내적 해석의 결과 거기에 드러나는 근원적 이미지의 세계, 그것이야말로 신의 세계이자 순수하게 정신적인 성스러운 세계의 모습이라고 생각했다.

그러나 이런 식으로 생각하게 되자, 시아파는 곧 이슬람의 상식과 정면으로 충돌하게 됐다. 이슬람은 본래 성속불분聖俗不分, 원칙적으로 존재의 신성한 차원과 세속적 차원을 구별하지 않는다. 이 근본 원칙에 따라 현세를 그대로 종교적 세계 안에 편입시키고, 그 위에 공동체(움마)

를 세우는 것이 정통적인 삶의 방식이다. 그런데 지금 말한 시아파의 타월 입장에 서면, 아무래도 타월 이전에 인간이 보았던 세계는 세속적인 속된 세계이고, 타월 이후에 나타난 세계가 성스러운 세계라는 말이 된다. 외면파 울라마처럼 이슬람을 공동체의 종교로서 사회화·법제화하고 정치화하는 것은 본래 순수하게 내면적이어야 할 이슬람을 속화하는 일 이외에 아무것도 아니다. 수니파가 구상하는 것 같은 이슬람법 세계는 종교적 세계가 아니라 실은 정치적 권력이 갈등하는 장이고, 의심할 여지없이 세속적인 세계라는 말이 된다. 이렇게 해서 시아파는 그 근본적 입장에서 성과 속을 분명하게 구별하고 있고, 이 점에서 수니파와 완전히 대립된다.

수니파의 견지에서는 현세가 그대로 신의 나라, 적어도 본래는 신의 나라여야 한다. 거기에 성과 속의 구별은 없다. 그러므로 인간 생활의 현실이 만일 죄와 악으로 더럽혀져 있다 해도, 그것은 우연히 뜻하지 않게 그렇게 된 것이며 인간의 결의와 노력에 따라 바른 형태로 고쳐 세울 수 있다. 앞서 자세히 설명했던 이 수니파적 현세 긍정, 현세 구축 태도를 시아파는 그 형태 그대로 올바른 것이라고 결코 인정하지 않았다. 시아파는 근본적으로 이란적이다. 그들에게 현세는 존재의 성스러운 차원과 속된 차원이 갈등하는 장으로, 타월을 통해 내면화하고 상징적 세계로 다시 보지 않는 한 완전히 속된 세계이자 존재의 속된 차원을 대표하는 것으로, 그 본성상 존재의 천상적天上的 차원과 싸워야 할 악과 어둠의 세계이다. 선과 악, 빛과 어둠의 투쟁이라는 고대 이란 조로아스터교의 이원론적 세계 인식이 매우 특징적인 형태로 이슬람화해 여기에서 작동하고 있음을 알 수 있다. 다만 조로아스터교적 이원론과 다른 것은 이 어둠과 악으로 가득한 현세가 그 하키카적 심층에서는 그대로 선과 빛으로 가득한 성스러운 존재 차원이라는 점이다. 그러므로 궁극적으로는 이원론이 아니라 일원론이다. 뭐라 해도 이슬람은 절대 일신교인 것이다. 그러나 이것은 존재의 하키카를 깊이 깨달은 영성적 달인의 견지에서이고, 일반인에게 현세는 결코 빛의 나라가 아니다.

만일 일반인에게 현세라는 것이 이러한 의미에서 존재의 속된 질서라고 한다면, 그것에 대해 긍정적인 태도를 취할 수는 없다. 보통의 인간이 생활하는 경험적 세계로서의 현세는 종교적 세계가 아니라 어둠의 나라이다. 진정한 종교적 세계, 빛의 나라는 세속적 세계의 어둠 내면에 숨은 존재의 성스러운 질서, 하키카뿐이다. 그러므로 사람은 무엇보다도 이 존재의 거룩한 질서를 찾아내야 한다. 그 방법은 단 하나 『코란』의 언어를 내면적으로 해석하고 조작하는 것이다. 왜냐하면 『코란』의 내적 의미야말로 존재의 거룩한 질서를 상징적으로 지시하기 때문이다. 이것이 좀 전에 설명한 타월이 시아파 이슬람에게 절대적으로 중요한 이유이다.

그렇다고는 해도 아무나 자신의 정신적 체험을 바탕으로 삼아 마음대로 『코란』의 내적 해석인 타월을 해도 좋다는 말은 아니다. 물론 탁월한 정신적, 영성적 자질을 타고난 사람이 『코란』을 읽으면 거기에서 심오하고 내적인, 즉 상징적인 의미를 읽어낼 수 있을 터이다. 그러나 그것만으로 시아파에서 밀하는 타월이 되지는 않는다. 나중에 이야기할 수피들도 시아파 못지않게 『코란』의 내적 해석을 중시하지만 수피의 내적 해석은, 시아파에 속하거나 시아파적 의식이 강한 수피를 제외하면, 내내 사신의 독특한, 제 자신의 직감이나 영감에 바탕을 둔 심층 해석이다.

이런 식으로『코란』을 자유롭게 해석한 것은 그것이 아무리 깊이 있는 해석이라 할지라도 그대로는 시아파가 생각하는 내적 해석이 아니다. 진정한 내적 해석, 진정한 타윌이란 권위 있는 일군의 사람들, 시아파적 영성의 최고 권위자들의 가르침에 따라 그 올바름이 보증된 해석이어야 한다.

시아파적 영성의 최고 권위자를 이맘이라 한다. 이맘 imām의 글자 뜻은 '앞에 가는 사람', '선도자'이다. 보통 수니파에서는 금요일 집단예배의 회중 앞에 서서 예배 의식을 지도하는 사람을 가리키고, 또한 이슬람사 초기에는 '칼리프'의 동의어로 쓰였다. 그러나 시아파에서 이맘이라는 말은 이것과 완전히 다른 중차대한 의미가 있다. 지금 말한 시아파적 세계 전체(혹은 전 존재계)의 영성적 최고 권위자라는 의미이다. 이란의 '열두 이맘파'는 인류의 역사에 그러한 이맘이 열두 명 나타났다고 믿는 사람들이다.

시아파적 신앙의 환경에서 대체 이맘은 구체적으로 어떠한 사람인지 그 본질과 역할 등이 매우 복잡해서 도저히 한마디로 설명할 수는 없다. 이제부터 조금씩 이야기할 작정인데, 우선 여기서는 지금 문제가 된『코란』해석학에 직접 관계된 측면을 들어 거기에서부터 이맘을 논하고자 한다.

이러한 관점에서 본 이맘은 아까부터 이야기한 『코란』, 신이 계시한 언어의 내적 의미와 정신적 의미인 하키카를 깊이 깨달은 사람이다. 그 자신이 완전히 『코란』의 내적 의미를 체득하고 있다. 따라서 그는 일반 사람들을 『코란』의 내적 의미의 심층에까지 이끌어갈 수 있는 암호 해독자, 내적 해석학의 권위자이기도 하다. 신의 암호서인 『코란』을 해독하는 것은 보통 암호서를 해독하는 것과 다르다. 보통 암호는 그것을 조직적이고 정합적으로 해독하며 그 의미하고 있는 내용을 이해하면 그것으로 충분하지만, 『코란』의 경우는 단순히 그 내적 의미를 이해하는 것에서 그치지 않는다. 해독자는 자신이 해독한 내적 의미가 열어 보이는 내적 세계 그 자체, 거룩한 세계인 존재의 형이상적이고 정신적인 하키카와 자신이 일체가 되고, 그 뒤 다른 사람들을 그 세계로 이끌어야 한다. 이맘은 그러한 의미에서의 권위자이다.

그렇다면 대체 이맘의 그러한 권위는 어디에서 생기는가? 여기에서 시아파는 내면주의자의 본령을 발휘해 원래부터 이맘이라는 것은 예언자의 내면 그 자체라고 말한다. 안과 밖이라는 차이가 있긴 하지만, 예언자와 이맘은 하나의 동일한 실재라는 것이다. 예언자와 이맘은 본래부터 하나의 동일한 신적 광명, 신의 빛(이슬람에서는 '빛의 빛nūr al-anwār, 즉 모든 빛<복수>의 궁극적인 빛<단수>)이라고 하는데 우주의 근원적 빛에 연원하는 두 개의 빛이다. 예언자는 이 궁극의 광원에서 밖으로 나가는 빛이고, 이맘은 안으로 깊이 숨어드는 빛이라는 차이가 있을 뿐이다. 결국 무함마드나 세간에서 예언자로 인정하는 사람들은 모두 '외면적 예언자(현교적 의미에서의 예언자)'이고, 이에 반해 시아파에서 말하는 이맘은 '내면적 예언자(밀교적 의미에서의 예언자)'인 것이다.

외면적으로 공공연하게 밖으로 드러난 예언자와 내면적 예언자로서 일반인들의 눈에는 보이지 않는 형이상적 예언자의 특성을 자기 심층에 간직한 사람, 이렇게 되면 이단 냄새가 풍긴다. 적어도 정통파의 입장에서 보면 의심할 여지없이 이단이다. 외면과 내면의 구별은 그렇다 치더라도 어쨌든 무함마드 외에 이슬람의 예언자가 여럿임을 인정한다는 말이기 때문이다.

'내면적 예언nubūwah bāṭinah'이라는 이 개념은 이슬람의 일반적 신앙에서는 지극히 위험한, 그러나 시아파에게는 결정적으로 중요한 사고방식이다. 그리고 이 사고방식을 정당화하기 위해서 시아파에는 많은 「하디스」가 전승되고 있다. 예를 들면 『코란』은 말하지 않는 이맘, 이맘은 말하는 『코란』이라는 말이 있다. 『코란』은 말하지 않는 이맘'이라는 말은 『코란』에는 이맘만이 아는 심오하고 신비한 의미가 있는데, 『코란』의 표면은 자신의 내적 의미에 대해 일절 말하지 않고 침묵한다는 뜻이다. 그리고 '이맘은 말하는 『코란』'이라는 말은 이맘의 입에서 나오는 말은 『코란』이 스스로 자신의 내적 의미, 비밀의 의미를 말하는 언어라는 뜻이다. 언어만이 아니다. 앞에서도 말했지만 이맘의 존재 자체가 『코란』의 비밀스러운 의미 자체이다. 이맘이 신의 내면적 빛이라는 말은 곧 이것을 의미한다.

신의 내면적 빛이라는 견지에서 이맘은 제 자신이 『코란』의 내적 의미이고, 『코란』의 내적 의미라는 점에서 그대로 존재 세계의 내적 의미이자 우주의 축이다. 이렇게 시아파 사람들의 이란적 초현실주의적 의식 안에서 이맘은 인간적 존재의 차원을 넘어 우주적 실재, 우주의 형이상적 근원으로 변모해간다. 실로 고대 영지주의파에서 말하는 '천상의 인간'의 형상 그것이다. 하지만 감각적 현실주의자인 아랍인에게는 일반적으로 이와 같은 사고가 발붙이기 힘들다. 그들의 눈에 이러한 영지주의적 환상으로 가득 찬 시아파적 사상은 요령부득의 망상으로 비친다. 아니, 요령부득의 망상에 머무르지 않고 신에 대한 용서하기 힘든 모독으로 비치는 것이다. '외면으로 향한 길'과 '내면으로 향한 길'은 이슬람에 국한되지 않고 일반적으로 현교와 밀교 사이에는 언제나 이러한 숙명적 대립이 존재한다.

그런데 이슬람의 정통적 사고방식으로 보면 『코란』을 마지막으로 신의 계시는 완전히 끊어졌다. 이것은 이미 몇 번이나 되풀이해서 말했는데, 무엇보다 『코란』에 분명히 그렇게 쓰여 있다. "무함마드는 마지막 예언자, 인류 역사에 나타난 최후의 예언자이다." 그러므로 무함마드가 죽으면 그와 동시에 신의 계시는 완전히 끝나버린다. 이제 누구에게도 신의 계시는 절대로 내리지 않는다. 아무리 시아파라 해도 이것만은 움직일 방법이 없다. 그러나 시아파는 그것이 『코란』의 표면에 쓰여 있는 말에 불과하다고 말한다. 예언자 무함마드와 함께 계시가 끝난 것은 사실이지만, 실은 그것은 외적 계시가 끝났다는 말이지 내적 계시마저 끝났다는 말은 아니다. 진정한 의미에서 모든 예언자를 예언자답게 하는 것, 예언자의 내면적 본질인 하키카 자체를 체득하고 그것과 일체화된 존재 이맘이 이 세상에 존재하는 한 외적 계시는 끝났어도 내적 계시는 언제까지고 이어진다. 더구나 무함마드 같은 예언자가 받는 외적 계시가 항상 천사(이슬람에서는 가브리엘을 계시의 천사로 숭배한다)의 중개를 통해 내려오는 소위 간접 계시인 데 반해, 내적 예언자 이맘이 받는 내적 계시는 중개자 없이 직접 신에게서 이맘의 마음에 내려온다는 특징이 있다. 만약 외적 계시에 비해서 내적 계시가 한 단계 떨어지는 점이 있다면, 그것은 외적 계시처럼 새로운 법률을 가져오지 못한다는 것, 즉 새로운 종교 공동체를 새로운 샤리아 위에 수립할 힘을 갖지 못한다는 것이다. 내적 계시의 역할은 외적 계시를 통해 암시된 하키카를 외적 계시의 내적 의미로서 나타내는 것이다. 그러나 그것은 그렇다 치더라도 시아파의 독특한 사고방식, 현교적 예언자가 죽었어도 밀교적 예언자는 여전히 존속하며 신의 계시는 이맘을 통해서 내적 계시의 형태로 세상 끝까지 지속된다는 사고방식이 이슬람처럼 본성적으로 신의 계시에 바탕을 두고 성립된 종교에서 얼마나 중대한 의의를 갖는지를 상상하기는 어렵지 않을 터이다.

그런데 앞에서 나는 '이맘이 세상에 있는 한'이라고 말했다. 여기에는 약간 문제가 있다. '열두 이맘파'는 그 이름처럼 열두 명의 이맘만을 인정한다. 예언자 무함마드의 딸 파티마 자흐라Fāṭimah Zahrā('꽃 피는 파티마'라는 화려한 이름의 주인)는 무함마드의 사촌 알리와 결혼했는데, 이 예언자의 사위 알리가 시아파의 1대 이맘이다. 참고삼아 말하자면, 예언자 주변에 있던 사람 가운데 알리는『코란』의 외면적 의미는 물론이고, 일곱 겹의 층을 이뤄 한겹 한겹 깊이를 더해가는 내면적 의미 전체를 통합적으로 해석할 수 있었던 유일한 인물이라고 시아파 전승에 기록돼 있어, 성전 해석학적으로 중요한 위치를 차지하는 사람이다. 초대 알리를 이어 아버지에게서 아들로, 아들에게서 손자로, 대대로 이맘이 이어져 열두 번째에 이르게 된다. 열두 번째 이맘은 서기 9세기 말 사람이다. 그 뒤에는 더 이상 이맘이 세상에 나타나지 않는다. 이맘의 부재이다. 그렇다면 외적 계시는 물론이고 내적 계시마저 끊어진 것이 아닐까라는 매우 자연스러운 의문이 생긴다.

　그러한 의문에 대해 시아파는 이렇게 대답한다. "확실히 이 지상, 즉 외적 세계에 관한 한 서기 10세기 이후 지금까지 우리는 이맘이 부재한 시대를 살고 있다. 하지만 제12대 이맘은 사실 죽지 않았다. 그는 내면의 세계, 즉 존재의 보이지 않는 차원으로 몸을 옮겨 거기에 숨어 지금까지 줄곧 살아 있다." 제12대 이맘의 존속에 대한 이와 같은 시아파의 사고방식은 '내면으로 향한 길'이 이란적 문화에서 어떻게 전개되는가를 여실히 보여주는 흥미롭고 특이한 이미지 구조이기 때문에 간단하게나마 설명하고 지나가려 한다.

　제12대 이맘은 서기 869년에 태어났고, 이름은 무함마드 이븐 하산Muḥammad b. Ḥasan이다. 874년 7월 24일, 아버지인 제11대 이맘이 세상을 떠난 날 그는 지하의 밀실에 들어간 것을 마지막으로 행방이 묘연해져 아무도 그가 어디로 갔는지를 알지 못했다. 다섯 살 먹은 어린 이맘이 연기처럼 사라진 것이다. 물론 수니파 사람들이나 사물을 합리적 차원에서만 생각하는 근대 서양 학자들은 어린 이맘이 은밀하게 암살당했다고 말하지만, 시아파에서는 결코 그렇게 생각하지 않는다. 임시로 모습을 감췄을 뿐이라고 말한다. 그렇다면 어디에 숨었는가? 지상의 어딘가가 아니라 이 세계의 안쪽, 앞에서도 말했던 존재의 '눈에 보이지 않는' 차원에 몸을 숨겼다고 생각한다. 참으로 이란적인 사고방식이다. 이 상태를 이맘의 잠복 상태, '숨으심ghaybat'이라 부른다. ghaybat 또는 ghaybah, 아라비아어로 '사물이 눈에 보이지 않는 상태'라는 뜻이다. 즉 잠복 상태이다. 다만 이 잠복은 이 시점에서는 임시의, 말하자면 예비적 잠복 상태이고, 시아파의 종교사 학술어로는 '작은 숨으심ghaybat-e ṣughrā'이라 부른다. 이 작은 잠복 상태가 약 70년간 지속되며, 그 기간에 숨어 있는 이맘은 네 명의 정식 대리인(이들을 '나이브nāʾib라 부른다)을 연이어 임명한다. 그들을 통해 시아파적 이슬람 세계를 계속 통치했고, 스스로도 때때로 대리인들이 있는 곳에 모습을 드러냈다고 한다. 그러나 그것도 70년간으로 끝이 나고 서기 940년, 그는 드디어 본격적이며 결정적 잠복 상태에 들어간다. 이것을 그때까지의 상태와 구별해서 '큰 숨으심

ghaybat-e kubrā'이라 부른다. 서기 940년 이후 현재까지 아직 그 상태가 이어지고 있는 것이다. 일반적으로 알려진 호메이니의 활약, 이란 혁명, 그 모든 것이 이 이맘의 '큰 숨으심' 상태 중에 벌어진 사건이다.

'큰 숨으심' 상태에서 이맘은 완전히 '볼 수 없는' 세계의 사람이다. 그를 눈으로 보는 사람은 단 한 사람도 없다. 인간이 이맘을 만날 수 있는 장소가 있다면, 그것은 신앙이 깊은 사람이 밤에 꾸는 꿈이다. 꿈에 그 모습을 본다. 그리고 또 하나, 영성이 아주 높은 경지에 오른 사람이 기도하는 가운데 들어서는 탈혼脫魂, 탈자脫自 상태의 의식에서도 만날 수 있다. 그 두 가지를 제외하면 절대로 이맘의 모습을 볼 수 없다. 이맘 자신이 이 세상에 모습을 드러내는 일은 없으며, 대리인 나이브를 임명하는 일도 더 이상 없다. 12대 이맘은 이미 전 존재계의 내면에 존재하며 거룩한 중핵 자체로 변모해 있는 것이다. 역사의 보이지 않는 차원에서 정신의 왕국을 지배하는 존재로 활동하고 있는 것이다. 그는 역사의 보이지 않는 차원에 몸을 두고 있으며 그의 성스러운 예지에서 시시각각 뿜어져 나오는 내적 계시의 빛을 통해 인류의 역사에 작용하고 있다.

존재의 '보이지 않는' 차원은 가시적 차원과 동전의 양면 같은 관계를 이뤄 한순간도 멈추지 않고 같은 넓이로 퍼져 가는데, 보통 사람은 그것을 알아차리지 못한다. 보통 사람의 눈에는 보이지 않고 많은 사람들은 그 존재조차 알지 못하지만, 숨어 있는 이맘은 늘 보이지 않는 세계 저 안쪽에 있으면서 시아파적 세계를 중심으로 펼쳐진 모든 '보이는' 세계를 지배하고 있다. 이런 의미에서 그는 현세에 군림하는 왕자이다. 그리고 이 숨어 있는 이맘은 우리가 지금 살고 있는 현세적 시간의 주기가 끝날 때, 종말의 날에 메시아로서 다시 이 세계에 모습을 드러낼 것이라고 한다. 우리들 국외자에게는 신화적 형상, 신화적 상상력이 지어낸 불가사의한 심상의 연쇄로 보이지만, 숨어 있는 이맘이 이 세계를 지배한다는 이야기는 시아파적 정신의 소유자들에게는 신화나 이야기가 아니라 역사 그 자체이다.

참고로 덧붙이자면, 이것에 국한되지 않고 일반적으로 시아파적 현상을 이해하는 데서 아무래도 알아둬야 할 사실이 있다. 일반적으로 이란인은 본래부터 현저하게 환상적이고 신화적이며, 그 존재 감각도 체질적으로 초현실주의자라는 점이다. 이러한 특질은 이란 문학이나 미술에 흔히 나타나는데, 이 점에서 이란인은 감각적으로 현실주의적인 아랍과 대조적이다. 더구나 이와 같은 이란인이 일단 외면적 세계, 즉 현실 세계로 돌아와서 순전히 외면적으로 사물을 생각하게 되면, 이번에는 순식간에 극단적으로 냉담한 논리적 인간으로 변해버린다. 이슬람학의 역사적 형성 과정에서 매우 정교하고 치밀한 논리적 사고의 기술을 개발하고, 아리스토텔레스의 오르가논(Organon, 아리스토텔레스의 논리학 저서와 업적의 총괄적 명칭)에 바탕을 둔 그리스적 논리학은 물론, 법학 기초 이론에서 독특한 이슬람적 논리학 발달에 가장 큰 공헌을 한 사상가들 대다수가 이란인이었다는 사실은 이 점에서 많은 것을 시사한다.

말하자면 사고에서는 철저하게 논리적이고 존재 감각에서는 극도로 환상적이라는, 이 두 가지를 하나로 합한 것이 일반적으로 이란적 인간의 유형학적 성격이다. 그들이 성과 속을 존재의 내면성과 외면성, 빛의 영역과 어둠의 영역으로 표상表象하고 그 대립을 양자의 투쟁으로 구조화하며, 게다가 이맘론이라는 독특한 인간론을 만들어낸 것에서도 그러한 특징을 엿볼 수 있다.

복잡하고 다층적인 이론 구조를 가진 이 내면적 인간학, 어둠과 싸우고 어둠을 정복하는 빛의 인간학은 '숨어 있는 이맘이 다시 나타난다'는 대단원에서 이상한 종말론적 환상을 빚어낸다. 이 세계의 끝인 천지 종말의 전망이다. 그렇다고 해도 종말론에서 흔히 연상되는 아비규환, 카오스, 모든 만물이 파멸하는 죽음의 전망이 아니라 새로운 생명, 부활, 밝고 편안한 조로아스터교적 축복이 넘치는 전망이다. 일찍이 인류 역사에 나타난 위대한 사람들이 모두 되살아난다. 모든 것이 새로운 생명으로 부활한다. 하늘에서는 은혜로운 비가 내리고, 대지는 흐드러진 꽃들의 향기로 가득하고, 나무들은 열매를 맺는다. 되살아난 만물이 환희의 노래를 부른다. 그렇게 삼라만상이 기뻐하고 있는 가운데 이제까지 모습을 감추고 있던 제12대 이맘이 빛나는 구세주, 메시아로 나타나 완전히 새롭게 정의와 평화의 존재 질서를 세운다. 어둠에 대한 빛의 마지막 승리, 순수하게 성스러운 세계가 찾아오는 것이다.

하지만 그 '때'는 도대체 언제 오는가. 그것은 아무도 모른다. 그리고 그 '때'가 정말로 올 때까지 그것이 얼마나 긴 기간이든, 몇천 년이고 몇만 년이고 성과 속, 빛과 어둠은 상극相剋 관계를 이어갈 것이다. 그 '때'가 올 때까지 존재의 성스러운 차원은 눈에 보이지 않는 세계로서, 존재의 속된 세계는 눈에 보이는 세계로서 두 개의 세계가 함께 존재한다. 그리고 두 개의 시간, 성스러운 시간과 속된 시간이 평행을 이루며 흘러간다. 우리가 상식적으로 역사라고 부르는 것과 평행선을 그리며 존재 공간보다 한 차원 높은 차원에서 전개돼가는 역사가 있다. 바로 '성스러운 역사'로서 그것은 우리 눈에 신화적 이야기로 보인다. 그러므로 이란적 시아파 사람들이 구상하는 인류 역사는 외적 사건이 연쇄적으로 전개되는 역사가 아니다. 눈에 보이는 외적 사건 또는 사태의 그늘에 반드시 눈에 보이지 않는 내적, 형이상적 사건 혹은 사태가 있다. 안과 밖이 복잡미묘하게 얽혀들어 만드는 역사, 그것이야말로 진정으로 구체적인 인류사인 것이다.

이러한 이유로 시아파는 제12대 이맘이 세상에 나타난 뒤의 인류 역사를 이맘의 존재 방식을 기준으로 크게 세 시기로 분류한다.

우선 그는 '숨으심' 상태에 들어가기 전, 확실히 지상에 실재했다. 실제로는 네댓 살에 불과한 어린아이지만 지금 설명했던 이란적 세계 표상에서는 완전무결한 이맘이다. 그러나 이것은 과거의 일이다. 다음에 먼 미래의 어느 날엔가 이 세상의 역사적 주기가 종말에 도달했을 때 그는 메시아로서 다시 지상에 나타난다. 이것은 미래의 일이다. 이맘이 눈에 보이는 모습으로 지상에 존재하는 이 과거와 미래, 이 두 가지 '때'의 중간에 이맘이 부재하는 시기가 오래 지속된다. 그것이 앞에서부터 말하고 있는 이맘이 '숨은' 상태이다. 이 긴 시간, 신도들은 열렬이 그가 출현하기를 바라고 기다린다. 그가 오기를 기다리는 사람들, 이러한 이맘의 모습에는 저 고대 이란의 조로아스터교 '구세주Saoshant'의 그림자가 언뜻 엿보인다. 그는 메시아, 이슬람어로 이른바 '마흐디Mahdī'이다.

그러나 메시아는 바라고 기다려야 할 구세주이지 현실적으로 이 세상에 존재하는 구세주가 아니다. 따라서 세계를 현실적으로 통합할 수는 없다. 그렇다면 부재하는 이맘을 대신해 실제로 시아파적 세계를 다스리는 것은 어떤 사람인가, 혹은 어떤 사람이어야 하는가? 두 가지 가능성이 있다.

그 하나는 최고의 시아파 학식을 갖춘, 지덕知德이 뛰어난 사람이 그 임무를 맡아야 한다는 것이다. 다만 거기에는 몇 가지 조건이 있다. 우선 첫째, 그 사람은 이슬람의 모든 학문에 모조리 정통한 이슬람학계 제일의 권위자여야 한다. 둘째, 성전『코란』의 외적 의미와 내적 의미에 두루 통해 존재의 내적, 비교적 차원에 통한 사람이어야 한다. 셋째, 이슬람법을 자신의 성전 해석에 따라 유연하게 현실 사태에 적용할 수 있는 사람, 즉 앞에서 설명했던 이즈티하드가 가능한 사람이어야 한다. 이미 말했듯이 수니파와 달리 일찍이 시아파에서 이즈티하드의 문은 닫힌 적이 없었다. 그러므로 성전을 법적으로 해석하는 사적 자유가 자격이 있는 사람에게는 허용돼 있다. 그러나 이 세 가지 조건보다 더 중요하고 더 근본적인 조건이 있다. 그것은 숨어 있는 이맘이 끊임없이 내뿜는 영감의 음파를 민감하게 잡아내는 영성적 능력을 갖춘 사람이어야 한다는 점이다. 이 마지막 조건만은 아무나 가질 수 있는 것이 아니다. 어쨌든 지금 열거한 조건을 갖춘 사람만이 이맘이 부재한 사이 숨어 있는 이맘의 비밀스러운 지도를 받고 공동체의 주권을 장악할 수 있다. 시아파의 이 독특한 국가 주권자 개념은 그 역사적 형성 과정에서 플라톤『국가론』의 철인정치 사상에서 강한 영향을 받았다.

그리고 '혁명' 뒤, 이런 의미에서의 국가 최고 주권자의 지위에 오른 사람이 호메이니라는 사실은 누구나 알고 있으리라 생각한다. 이란의 신문, 잡지 등 저널리즘은 여전히 호메이니를 이맘 호메이니라 부르고 있다. 그러나 지금 설명한 사실에서도 알 수 있듯이 그것은 호메이니를 경애한 나머지 부르는 속칭이지 그가 결코 진짜 이맘은 아니다. 제12대 이맘 이래, 이맘은 지상에 태어난 적이 없으므로 당연한 일이다. 이맘이 아니라 이맘을 대신해서 세상을 다스리는 사람이다.

그러나 이맘이 부재한 기간 중, 이맘을 대신해서 시아파적으로 구상된 이슬람 공동체를 통치하는 인물로서 또 하나 강력한 가능성을 가진 자가 있다. 그것은 바로 샤Shāh, 즉 왕이다. 왕제王制라는 정치 형태는 본래 역사적으로 이맘 정치와 완전히 별개의 계통에 속하는 것이며, 이슬람적이라기보다 이란적 제도이다. 옛날부터 내려온 이란의 전제군주적 전통이 시아파 정치 이념으로 끼어든 것이다.

알다시피 이란 민족의 마음 깊숙이에는 기원전 몇 세기에 걸쳐 고대 오리엔트의 대부분을 지배하며 권세를 자랑했던 저 아케메네스 왕조의 기억이 숨어 있다. 좀 더 이슬람에 가깝게는 이란이 아랍에 정복돼 이슬람화되기 직전 사산 왕조(서기 3세기~7세기)의 화려한 왕정 문화의 추억도 있고, 더욱이 이슬람 시대에 들어오고 나서도 16세기 사파위 왕조의 이른바 '이란 문예부흥'의 찬란한 문화가 아직 기억에 남아 있어 이란인의 가슴속에는 위대한 왕정에 대한 강한 동경이 도사리고 있었다. 물론 완전히 이슬람화된 시아파의 정치 이념에서는 이슬람교도의 정치적 주권자로서의 왕은 숨어 있는 이맘이 다시 세상에 나타날 때까지 일시적으로 주권을 맡고 있는 사람이지, 왕 자신에게 진정한 권능이 있는 것은 아니다. 진정한 권능을 갖고 있는 것은 존재의 보이지 않는 차원에 숨어 있고, 거기에서 이 세계를 통치하고 있는 '숨어 있는' 이맘이다. 왕은 공공적 사회 질서를 지기는 지일 뿐 법지 권위조차 갖고 있지 않다.

그러나 그것은 어디까지나 이맘 지상주의 원리에 입각한 시아파 정치 이론의 원칙이며, 사실상 왕제는 시아파적 이슬람 세계 한복판에 고대 이란의 절대 전제군주제를 부활시킬 가능성이 많이 있다. 왕제는 매우 위험한 제도이다. 굳이 고대 이란 왕조의 큐로스 대왕이나 다리우스 대왕을 끌어오지 않더라도 이란, 이슬람 문화에 깊은 관계가 있는 사산 왕조의 정치사상에 따르면 왕은 신성한 자, 신의 의지에 따라 선택된 절대군주이며 인민의 의향이나 희망과는 전혀 관계가 없다. 그 정치는 본질적으로 신권 정치이다. 왕 자신이 신은 아니더라도(이슬람으로서는 거기까지 갈 수가 없다) 신이 직접 절대적 권능을 주어, 신의 의지를 체득해 신을 대신해 국가를 다스린다고 본다. 그 때문에 숨어 있는 이맘을 대신해 이맘의 의지를 체득해 국가를 다스린다는 철인정치가와 정면으로 충돌하게 되는 것은 당연하다. 두 가지 시아파적 정치 형태가 이맘이 부재한 시기에 얼마나 맹렬하게 대립하고 충돌하는지, 우리는 이란에서 일어난 '혁명'에서 그 예를 찾아볼 수 있다.

플라톤적(정확히는 극도로 시아파적이 된 플라토니즘이지만) 철인 정치를 취해야 하는지, 아니면 2,000년의 전통을 유지한 이란적 절대 전제적 제왕 정치를 취해야 하는지, 사람들은 쉽게 선택하지 못했다. 그리고 거기에는 시아파 나름의 독자적 이유가 있었다. 무슨 말이냐 하면, 시아파적 신앙에 따르면 이 세상에서 절대적으로 신뢰할 수 있는 것은 숨어 있는 이맘 단 한 사람뿐이기 때문이다. 더구나 그 이맘은 이 세상에 지금은 현재現在하지 않는다. 아무도 그의 말을 직접 듣거나, 그 모습을 직접 눈으로 보거나, 지시를 받을 수 없다. 거기에 근본적인 불안정성이 있다. 절대적 확실성은 어디에도 없다. 그러므로 정치적 형태에 대해서도 진정으로 어느 것이 옳은지, 궁극적으로는 아무도 알지 못한다. 90%까지는 이것이 올바르다는 확신이 있다 하더라도 나머지 10%의 의문이 남는다. 따라서 시아파 사람들은 그때그때의 정치적 체계에 대해서 대개의 경우 강한 불신감을 품는 경향이 있다. 판단의 실제적 근거는 정치가 제대로 되는지 안 되는지에 달려 있다. 의심의 눈초리로 사태를 지켜보며 조금이라도 나쁜 점이 눈에 띄면 정치 형태를 잘못 선택했기 때문이라고 판단한다. 역사적으로 어느 시대나 그러했다. 그러므로 곧 혁명이 일어난다. 당연한 일이다. 수니파 울라마들이 보수적이고 당대의 정치체제에 타협적, 협조적인 것과는 참으로 대조적이다.

이러한 수니파와 시아파의 차이, '외면으로 향한 길'과 '내면으로 향한 길'의 차이가 정치 면에서 드러난 한 현상이라는 사실은 이슬람 문화의 구조상 주목할 만한 점이라고 생각한다.

나는 지금까지 '내면으로 향한 길'을 걷는 사람들의 한 유형으로 시아파 이슬람의 다양한 측면을 이야기했다. 이쯤에서 '내면으로 향한 길'의 대표자 가운데 다른 하나인 수피, 이슬람 신비주의에 눈을 돌리고 싶다.

*

이제까지 이야기한 시아파 이슬람의 사상은 이맘론에 그 근본적 특징이 있다. 이맘론이 시아파 이슬람의 중심축이다. 그러므로 나도 시아파적 '내면으로 향한 길'을 이맘론의 중심으로 서술했다. 이맘은 이미 설명했던, 존재의 내면적 본질이 하키카에 통한 사람, 아니 하키카에서 직접 현신한 신인神人, 신적 인간이다. 수니파가 이슬람에서 가장 중요한 예언자 무함마드조차 '시장을 걷고, 음식을 먹는' 평범한 인간이라 여기는 것과 달리, 시아파는 이맘이라 부르는 신적 인간의 존재를 인정하고 그것을 모든 일의 밑바탕이라 여기는 점에서 기독교에 더욱 가깝다고 봐도 좋을 것이다.

그런데 시아파에서 그러한 신인의 수는 극도로 한정돼 있어, 예컨대 열두 이맘파의 이맘은 과거에도 미래에도 열두 명뿐이라 생각했다. 좀 더 적게 생각하는 파도 있다. 예를 들면 이스마일파는 일곱 명밖에 이맘을 인정하지 않는다. 그러나 이맘의 수가 이렇게 한정돼 있는 것은 시아파의 관점에서 본 역사적 우연이고, 일반적 가능성으로 보자면 수의 제한은 없다. 시아파의 입장을 떠나 알리의 직계, 즉 알리와 파티마의 자손이라는 따위 조건을 일절 무시하고 좀 더 넓게 존재의 내면적 본질, 하키카에 직통直通한 사람이라는 의미만으로 인간학을 생각하면 이맘은 훨씬 일반화돼 보편적 현상이 된다. 다만 그렇게 되면 더 이상 이맘이라 말하지 않고, 왈리wali라 부른다. 즉 왈리라고 부르는 사람 가운데 매우 특수한 경우가 이맘이라는 말이다. 왈리는 북아프리카 등지에 널리 퍼져 있는, 극도로 통속화된 이슬람 민간신앙에서 기적을 행하는 능력을 갖춘 성자를 의미하며 이슬람 사회학의 좋은 연구자료이기도 하지만, 좀 더 엄밀하게 말하자면 우주의 내면적 진리, 존재의 비의, 존재의 신비에 통한 사람을 가리킨다. 원래 왈리라는 말은 아라비아어이고 '매우 친한 사람', '가까운 사람', '사랑으로 맺어진 사람'이라는 뜻으로 보통 쓰는 말인데, 지금 우리가 문제로 삼고 있는 특수한 상황에서는 하키카, 혹은 신과 가까운 관계를 맺은 사람을 의미한다. 그러므로 예언자도 물론 왈리이고, 앞에서부터 문제로 삼고 있는 이맘도 왈리이다. 그 밖에도 하키카, 또는 신과 완전히 일체임을 자각한 사람은 모두 왈리이다. 신과 일체가 돼 신과 함께 살고 신의 눈으로 사물을 볼 수 있는 사람, 요컨대 그것이 왈리이고 이제부터 이야기할 수피, 이슬람 신비가도 그 가운데 특히 최고의 경지에 도달한 사람들은 모두 왈리이다.

다만 같은 왈리라도 수피의 경우는 매우 두드러진 특징이 하나 있다. 수피즘에서는 시아파의 이맘론과 달리 사람은 태생이나 혈통, 신의 선택에 의해 선천적으로 왈리가 되는 것이 아니라 수행을 통해 비로소 왈리가 된다는 점이다. 수행을 통해 왈리가 된다. 여기에서 수행이란 궁극적으로 전 존재계의 절대적 원점인 신과 일체가 되며, 그 일체됨을 주체적 사태로서 자각하는 것을 최종 목적으로 삼아 전인적 영성 훈련을 행하는 것을 가리키는데, 누구라도 단번에 그러한 높은 경지에 도달할 수 있는 이는 없다. 이 목적을 위해 우선 그것에 방해가 되는 자아의식을 없애야 한다. 그것이 일차적인 목표이다. '자아의식, 나라는 의식을 없앤다'는 말은 단순히 나를 잊는 소극적인 행위가 아니라, 자기 안에 있는 자기가 아닌 것을 찾아내려는 적극적인 노력이다. 자기라든가 나라는 것을 속속들이 파고들어 간다. 그 극점에서 나의 내면에 내가 아니라 발랄하고 창조적으로 작동하는 살아 있는 하키카, 즉 신을 찾아내고 신을 만나는 것이며, 이것이 수피즘이 말하는 '내면으로 향한 길'의 제1 단계이다.

그러므로 여기서 신은 정통파 이슬람 공동체가 말하는 절대적 초월자, 다가가기 힘든 높은 곳에서, 바깥에서 인간을 지배하는 초월신이 아니라, 오히려 모든 곳에 편재하고 모든 것의 내면에 있으며 인간의 혼 깊은 곳에 숨어 있는 내재신이다. 그리고 보면 『코란』은 도처에서 신의 초월

성을 강조하고 있지만 신의 내재성을 말하는 장구章句 또
한 적지 않다. 예를 들어보자.

동쪽도 서쪽도 신의 것. 너희가 어느 곳으로 얼굴을 돌
려도 거기에는 반드시 신의 얼굴이 있다. 참으로 신은 모
든 곳에 편재하신다.   (2:109/115)

우리(신)는 사람들 각자의 목에 있는 혈관보다 그 사람에
게 가깝다.   (50:15/16)

이런 의미에서 수피즘은 '인간 실존의 깊은 곳에 숨어
있는 내재신과 인간이 매우 친밀하고 비밀스러운 관계를
맺고 있음을 인간 스스로 알아차리는 것'이라 이해해도 큰
잘못은 없을 것이다.

나는 앞에서 『코란』에 기록된 신의 계시를 전기와 후기,
메카 시기와 메디나 시기로 나누고, 양자의 근본적 차이
를 설명했다. 제2장의 주제였던 이슬람이 율법적 공동체
형의 종교로 발전한 것은 메디나 시기 정신의 문화적 전개

이다. 이것에 비해 계시에 바탕을 둔 메카 시기의 이슬람은 개인적 실존형 종교이고, 수피즘은 이 메카 시기의 계시 정신을 그대로 순수하게 밀고 나간 것이라고 말할 수 있다. 점점 다가오는 천지 종말의 날과 심판의 때, 자신이 살면서 저지른 죄의 무거움과 두려움, 대개 그러한 것들이 메카 시기 이슬람을 짙은 종말론적 정서로 물들인다. 그것은 앞에서 이미 이야기한 것인데, 수피들은 거기에서 출발해 철저하게 현세 부정의 길로 나아간다. 현세 부정은 구체적으로는 금욕 생활, 고행의 실천이라는 형태로 나타난다. 금욕과 청빈, 그것은 곧 주체적으로 현세에 대한 일체의 집착을 끊어버리는 것이다. 현세를 본질적으로 미망의 세계라 보고 그것에 등을 돌리며, 현세적인 모든 것을 죄악의 원천으로 간주해 실존적으로 부정하는 것이다.

인간이 현실에 존재하는 방식, 소위 현세는 그 상태 그대로는 타락이고 악이다. 이렇게 느끼는 지점까지는 제2장에서 말한 수니파 사람들과 다를 바 없다. 즉 출발점은 같지만, 공동체적 이슬람을 대표하는 이들과 달리 수피들은 악한 현세를 억지로 좋게 만들려고 하지 않는다. 신의 의지에 따라 현세를 다시 건설한다는 것은 논외이다. 현세는 애초부터 근원적으로 악한 곳이고, 신의 의지가 실현될 장소가 될 수 없기 때문이다. 오히려 한시라도 빨리 현세에 등을 돌리고 현세적인 것 일체를 버려야 한다. 그것이야말로 신의 의지라는 것이다. 이 흔들리지 않는 신념이 인간 실존의 깊은 곳에 자리를 잡았을 때, 파토스적으로는 염세주의, 로고스적으로는 현세 도피 사상으로 나타난다.

앞에서 나는 이슬람은 원래 은자라든가 세속을 등진 사람을 인정하지 않는다고 말했다. 그러나 그것은 공동체적, 수니파적 이슬람의 입장이고 수피들의 입장은 그것과 정반대이다. 그들은 문자 그대로 은자, 세상을 등진 사람이다. 더구나 '의식적으로' 세상을 싫어해 세상을 등진 것이다. 여기에서도 '외면으로 향한 길'을 걷는 사람과 '내면으로 향한 길'을 걷는 사람은 정면으로 충돌한다.

그러므로 샤리아(이슬람법. 공동체의 사회적 질서를 지키기 위한 규범)는 당연히 그 가치를 잃고 중요성을 상실한다. 원래부터 공동체의 종교는 같은 신앙을 나눈 사람들이 사회계약상 형제가 되고, 집단적 책임감으로 일체가 돼 협력하며, 신의 의지에 따라 이 세계를 좀 더 나은 세계로 만들려는 것이 그 본령이다. 그리고 샤리아는 그것을 가능하게 하기 위한 법률이다. 현세 자체가 중요성을 상실하면 샤리아가 중요성을 잃는 것도 당연하다.

원래부터 수피는 현세를 등진 고독한 이들이다. 신 앞에 오직 홀로 서는 단 한 사람의 실존, 그것이 수피이다. 샤리아를 엄수하며 아무리 외면 생활을 깨끗하게 꾸미고 정리한다 해도 내면이 더럽혀져 있다면 아무것도 아니다. 형식적으로 완벽하게 도덕적으로 살아도 내적 정신이 없으면 아무 소용이 없다는 말이다. 수피즘의 발전사 초기에 위대한 발자취를 남긴 바스라의 사산이 한 "단 한 톨의 내적 성실함이 단식이나 예배보다 천 배가 무겁다"는 유명한 말이 있는데, 이 말은 샤리아에 대한 수피의 태도를 잘 드러내고 있다.

요컨대 수피즘은 대체로 반샤리아적이다. 적어도 샤리아를 경시하는 태도를 취하기 쉽다. 딱히 샤리아 자체가 나쁘다고 하는 것은 아니지만, 외면적인 법적 규정 체계로서의 샤리아는 그 외면성으로는 아무런 가치도 없다. 외적 샤리아는 깊이 내면화돼 내지 샤리아로서 실존적으로 살아내야 한다는 말이다. 그러나 샤리아를 거기까지 완전히 내면화하면 더 이상 보통의 샤리아라고는 할 수 없다. 거기에 문제가 있는 것이다.

아부 사이드 이븐 아빌하이르Abū Saʿid b. Abī al-Khayr(이하 '아부 사이드'로 줄임)는 서기 1049년에 세상을 떠난 이란의 위대한 수피인데, 그는 일생 동안 한 번도 메카 순례를 하지 않았다. 메카 순례는 알려진 것처럼 모든 이슬람교도에게 부과된 종교법상의 최고 의무 가운데 하나여서, 심한 병이나 가난으로 여비를 마련할 수 없다거나 뭔가 정당한 사유가 있지 않는 한 이 의무를 게을리하면 매우 심한 죄를 범하는 것이다.

어째서 메카 순례를 하지 않느냐는 질문에 아부 사이드는 이렇게 대답했다. "'돌집 한 채(이슬람의 성소, 돌로 만든 메카의 신전 카바를 '돌집 한 채'라 불렀으니 대단한 사람이다)'를 방문하기 위해 일부러 내 발로 몇천 리나 되는 땅을 걷다니 도대체 그런 짓을 해서 어쩌자는 것인가? 진정한 신인神人은 가만히 제집에 앉아 있으면 그만이다. 그리하면 하늘에 있는 카바 신전(땅에 있는 메카 신전이 아니라 영원한 천상의 카바 자체)이 저편에서 내려와 하루에 몇 번이고 그를 찾아와줄 것이다." 이 말은 수피가 샤리아를 어떻게 보는지 가장 극단적으로 그리고 대담무쌍한 방식으로 보여주고 있다.

그러나 이러한 경지에 도달할 때까지 수피는 길고 엄격한 수행의 길을 걸어야 한다. 이것이 처음에 조금 언급했던 자기부정의 길, 자아의식을 없애는 수행의 길이다.

우리 실존의 중핵에는 자아의식이 있다. '나'라는 것이 먼저 있고, 그 주변에 빛의 고리처럼 세계가 펼쳐진다. 자아의식은 인간 존재, 인간 실존의 중심이며 세계가 자신을 드러내는 중심점이기도 하다. 그러나 동시에 그것은 모든 인간적 괴로움과 악의 근원이기도 하다. 인간에게 '나'가 있기 때문에 괴로움이 있고 악이 있다. '나'는 모든 것의 근원이다. 하지만 그것만이 아니다. 수피의 견지에서 보면 자아의식, '나'라는 의식이야말로 신에 대한 인간의 최대의 악이며 죄인 것이다.

아부 사이드는 악이란 무엇인가, 그리고 최대의 악은 무엇인가라는 질문을 받았을 때 다음과 같이 대답했다고 한다. "악이란 네가 너인 것이다. 그리고 최대의 악은 네가 너인 것이 아닌데도 그것을 네가 모르고 있는 상태이다." 그리고 또, "네가 너인 것보다 큰 재앙은 이 세상에 있을 수 없다"고도 했다. 네가 너인 것, 이것을 페르시아어로 '투위 에 투tu'ī-ye tu'라고 한다. 유명한 말로서 그대로 번역하면 원문의 어순을 역으로 해서 'tu너', 'ye의', 'tu'ī너 되게 하는 것', 즉 '너를 너 되게 하는 것'이라는 말이다. 즉 인간의 자아, 자아의식을 가리킨다.

그렇다면 왜 '너를 너 되게 하는 것'이 악이고 재앙이며 죄란 말인가? 이 질문은 알다시피 불교에서도 매우 중요한 의미를 지닌 물음인데, 불교와 이슬람은 매우 다르게 대답한다. 원래 이슬람은 인격적 일신교여서, 수피즘도 이슬람적 신비주의인 한 역시 인격적 일신교라는 마지노선을 지키려 하기 때문이다.

인격적 일신교에서 생겨난 신비주의인 수피즘은 이 질문에 대강 다음과 같이 대답한다. 내가 '나'라는 의식을 갖고 있는 한 나와 신이 대립한다. 그것이 악이다. 내가 신을 2인칭으로 '너'라고 부르든, 혹은 신을 3인칭 '그'로 부르든, 어쨌든 존재는 두 개의 극으로 분열되고 의식 또한 두 개로 갈라지기 때문이다. 사실을 말하자면 나와 신의 분열, 대립이야말로 공동체적 종교로서의 이슬람은 물론이고 일반적으로 종교에서 전형적인 상태이다. 신자가 신을 저 멀리 바라보며 기도하고 신을 예배하는 그것이 종교이지만, 수피즘은 이것을 신과 신자가 대립하는 것으로 본다. 즉 신 외에 그것에 대립해 무엇인가 다른 것이 존재한다는 말이 돼버린다. 그래서는 이원론이다.

'나야말로 실재實在하는 것Ana al-Ḥaqq', 즉 '나는 신'이라는 엄청난 선언을 해서 서기 922년에 위대한 수피 할라지Ḥallāj는 신을 모독한 죄로 바그다드 형장에서 비극적인 죽음을 맞이했는데, 그는 이렇게 노래했다.

아아, 나라고, 너라고 하는구나.
하지만 그리 되면 신이 둘이 되는 것을.
……
아아, 할 수만 있다면 '둘'이라는 수를
입에 올리지 않은 채 있고 싶은 것을.

인간에게 나라는 의식이 있는 한, 인간은 '나'이니 신을 '너'라고 부르지 않을 수 없다. 혹은 신을 '그'라고 봐야 한다. 어디까지나 인간지인 나와 신저인 너, 또는 인간적인 나와 신적인 그의 관계이기 때문에 신만 있는 것이 아니다. 신만 있는 것이 아니라면 이원론이다. 일신교가 아니다. 참으로 실재하는 것은 오직 신뿐, 전 존재계에 오직 신만 있어야 한다. 그것이야말로 순수한 일원론이고 진정한 일신교라는 말이다.

이 점에 대해 아부 사이드는 이렇게 말했다. "만약 네가 존재하고, 혹은 그가 존재한다면(인간이 존재하고 신이 존재한다면), 둘이 존재한다. 이것은 이원론이다. 그러므로 무슨 일이 있어도 '너를 너 되게 하는 것'을 없애버려야 한다." 이러한 의미에서 수피는 그 수행하는 방법에 있어 무엇보다도 우선 자기부정, 즉 자아의식을 없애는 데 모든 힘을 쏟는다.

그런데 수피가 자기부정의 길을 밀고 나가는 동안에 생각지도 못했던 신기한 사태가 발생한다. 자기부정이 완전히 새로운 적극적인 의미를 갖기 시작하더니 일종의 자기긍정으로 변해가는 것이다. 부정에 부정을 거듭해 자아의식을 지우면서 나를 그 내면을 향해 깊이 파내려가면, 마침내 자기부정의 극한에서 인간은 자기가 없는 바닥에 부딪힌다. 여기에 이르러 인간의 주체성이라는 의식은 남김없이 소멸되고 내가 없는 자리로 돌아간다. 자아의 완전한 무화, 자아가 텅 비게 된다는 말이다.

그런데 이 인간적 주체성이 없어진 밑바닥에서 수피는 찬연히 빛나기 시작하는 신의 얼굴을 본다. 인간적 입장에서 자아의식이 사라지는 바로 그 순간, 곧바로 신의 실재성이 밝게 드러나는 것이다.

이 이상한 실존적 체험을 신비가 할라지가 자신의 시에서 "내 텅 빈 한가운데에 영원히 너의 실재성이 있다Hu-wīyatunlaka fī lā'īyatī abadā"는 말로 묘사하고 있다. 그리고 똑같은 내용을 15세기 이란의 수피 시인이자 철학자 자미Jāmī는 산문에서 "인간적 자아가 사라진다는 것, 그것은 신의 실재성이 밝게 드러나 인간의 내부 공간을 남김없이 차지해 이제 그 사람 안에 신 이외의 어떠한 의식도 전혀 남아 있지 않은 것이다"라고 말했다. 이런 말에서 알 수 있듯이 수피가 사실적으로 체험한 자아 소멸, 즉 무아의 경지는 의식이 없어져 멍하게 된다는 의미가 아니라, 오히려 거꾸로 신적 실재에서 뿜어져 나오는 강렬한 빛에 의해 의식 전체가 모조리 빛으로 변화해 빛 이외에 아무것도 남지 않는다는 말이다. 여기에서 '신적 실재'라 한 것은 '하키카', 존재의 절대적 형이상적 근원을 가리키며, 이슬람 신비가는 이러한 하키카의 압도적인 힘을 종종 이 세상 것이 아닌 듯한 영적인 빛에 의한 의식의 조명照明으로 체험한다. 이러한 형이상적 광명 체험을 신비주의 술어로 '조명 체험', 아라비아어로는 이슈라크ishrāq라 한다.

참고로 말하자면, 이슈라크는 아라비아어로 본래 '밝아오는 새벽빛'을 의미하는 말이다. 동쪽 지평선 위로 태양이 쑥 올라오고 그 빛을 받아 갑자기 전 세계가 찬란하게 모습을 드러내는 것을 의미한다.

다만 수피는 이 빛의 체험, 하키카의 영광靈光을 받아 현상적 차원에서 존재의 심층이 전면적으로 드러나는 체험을 그대로 세계가 드러나는 것으로 받아들이기보다 오히려 자아의 신화神化, 인간이 현실의 몸을 가진 채 신이 되는 것, 인간적 자아가 신적 자아로 변화하는 것으로 받아들인다. 그러한 형태로 드러나는 존재계를 보는 눈은 더이상 인간의 눈이 아니라 신의 눈이라고 믿기 때문이다.

서기 9세기 가장 위대한 수피 가운데 하나였던 바야지드 바스타미Bāyazīd Basṭāmī(874년 사망. 이 수피의 이름은 비스타미 Bistāmī라고 다소 부정확하게 서양에 전해져 유럽과 미국 학계에서는 아직

도 대다수가 비스타미라고 한다)는 "뱀이 그 허물을 벗듯이 나는 '자기'라는 껍질을 벗었다. 그리고 나는 내 자신의 안을 들여다보았다. 이럴 수가! 내가 '그'였다"고 말했다. 나는 '그'였다. 자아를 완전히 벗어버린 나는 이제 알라, 신 그 자체였다는 말이다. 앞서 말했던 할라지의 '내가 바로 신'이라는 유명한 말은 이것과 완전히 동일한 체험을 좀 더 간결하고 압축된 형태로 표현한 것이다. 그러나 공동체적, 샤리아적 이슬람을 대표하는 울라마들의 귀에는 이러한 수피의 말이 더할 나위 없는 신성모독으로 들렸다. 이것이 힌두교와 같은 '해탈' 체험을 중심으로 하는 종교라면, '내가 곧 절대자'라는 자각은 최고의 궁극적 경지를 스스로 표현해 밝힌 것이고 거기에 이르는 것이야말로 수행의 목표가 되겠지만, 이러한 언어가 이슬람의 일신교적 배경에서 튀어나오자 매우 위험한 사태가 돼버렸다.

이렇게 이슬람에서 '내면으로 향한 길'은 수피즘과 함께 드디어 갈 데까지 갔다는 느낌이 든다. 여기에 와서도 여전히 '내면으로 향한 길'은 이슬람인 것일까? 이 물음에 대해 수피는 '그렇다. 이것이야말로 참으로 순수한 이슬람이다'라고 대답한다. 그러나 이것이 순수한 이슬람이라 해도, 이렇게까지 순화純化된 이슬람은 이미 이슬람 자신의 역사적 형태를 부정하기 직전의 아슬아슬한 지점까지 온 것이다. 어쩌면 이미 이슬람의 역사적 형태를 부정했다고 말하는 쪽이 진실에 가까울지도 모른다.

나는 시아파 제1대 이맘 알리의 말을 기억한다. "촛불을 불어 꺼라. 벌써 밤이 새었다." 태양, 빛의 근원, 즉 신이 직접 모습을 드러낸 이상 촛불의 빛(인식 주체로서의 자아)이 무슨 쓸모가 있겠냐는 말이다. 대담한, 그러나 참으로 상쾌한 이 말을 수피는 즐겨 인용한다. 전 세계가 태양빛으로 가득 차 있을 때 가냘픈 촛불을 켜고 있는 것은 의미가 없다고 잘라 말하는 수피즘, 즉 신을 본 사람, '신이 된 사람'에게 이미 종교는 쓸모없다고 잘라 말하는 수피즘은 역사적으로 이슬람 공동체 내부의 위험분자로서 존재했고 오늘날에도 생명력을 잃지 않고 있다. 그러나 늘 위험시되고 박해받으면서도 수피즘이 이슬람에 정신적 깊이와 두께를 제공했으며, 그것이 이슬람 문화 형성에 중대한 기여를 했다는 사실은 의심할 여지가 없다.

그렇지만 사실 문제는 수피즘에만 걸려 있지 않다. 지금까지 내가 말했던 이슬람 문화를 대표하는 세 가지, 즉 첫째로 샤리아, 종교법에 전면적으로 의거한 수니파의 공동체적 이슬람, 둘째로 이맘이 해석하고 이맘이 체현體現한 하키카에 바탕을 둔 시아파적 이슬람, 그리고 셋째로 하키카 그 자체가 뿜어내는 빛이 모든 것을 드러내는 경지에서 성립되는 수피즘, 이 세 가지 가운데 도대체 어느 것이 진정한 이슬람, 참된 이슬람적 일신교인가? 제각각 자기야말로 참된 이슬람적 일신교를 대표하는 것이라 주장하며 조금도 양보하지 않는다. 이슬람 문화의 역사는 어떤 의미에서는 이 세 가지 조류가 싸워온 투쟁의 역사이다. 그러나 바깥에서 객관적으로 사태를 관찰할 수 있는 입장인 우리는 그들 가운데 어느 하나라고 말할 것이 아니라, 요컨대 그렇게 서로 대립하는 세 가지 에너지가 빚어내는 내적 긴장을 포함한 역동적이고 다층적인 문화, 그것이 이슬람 문화라고 생각해야 할 것이다.

＊

이상 세 장에 걸쳐 이슬람 문화를 이야기했다. 제1장에서 잠깐 말했지만, 우리는 지금까지 이슬람에 대해서 너무 무관심했다고 나는 생각한다. 세계가 지구촌으로 급격하게 좁아지고 있는 현재, 동양과 서양의 중간에 위치하며 세계사적으로 중요한 역할을 담당해온, 그리고 지금도 담당하고 있는 중근동의 큰 문화 이슬람을 우리도 우리의 입장과 시각에서 적극적으로 이해하려 노력해야 한다고 생각한다.

이 책에서 이야기한 것이 그러한 이해로 나아가는 한 걸음이 돼 독자들에게 참고가 됐다면 참으로 다행이겠다. 그건 그렇고 정말 재미없는 이야기를 주저리주저리 늘어놓았다. 진득하게 들어주신 여러분의 후의에 깊이 감사드린다.

저자 후기

1981년 봄, 국제문화교육교류재단이 주최하는 '이시자카 기념 강연 시리즈' 네 번째로, 나는 이슬람 문화에 관해 세 차례 강연할 기회를 얻었다.

세 차례 강연 전체를 관통하는 주제는 「이슬람 문화의 밑바탕에 있는 것」, 부제는 「그 현대적 의의」. 첫 번째 강연은 '종교적 밑바탕'이라는 테마로 3월 2일에, 두 번째는 '법과 윤리'를 주제로 3월 16일에, 그리고 마지막에는 '내면으로 향한 길'을 주제로 4월 3일에 열렸다. 본서는 강연 회장에서 녹음한 내용을 다듬어 활자화한 것이다.

강연이라는 논술 형식은 사람과 사람이 직접 만난다는 커뮤니케이션 면에서의 이점이 있는 반면 다양한 제약도 있다. 게다가 한 회에 1시간이라는 틀도 있어, 현장에서는 다소 부정확히너라도 귀로 들어서 알기 쉬운 표현을 골라서 사용하거나, 원래는 말해야 할 것을 생략해버린 대목도

적지 않았다. 지금 그것을 한 권의 책으로 만들어 출간하면서, 나는 가능한 한 처음에 내 머릿속에 있었던 형태로 돌아가 원고를 재현하려 해보았다. 강연회장에서 실제로 말했던 것과 서술의 내용에서도 그 표현 형태에서도 꽤 차이가 나는 것은 그 때문이다.

국제문화교육교류재단, 통칭 이시자카기념재단은 고故 이시자카 다이조(1886~1975년. 일본의 경제인, 경영자 - 역자 주) 씨의 국제 교류에 대한 지향을 기려 1976년 3월에 설립됐다고 들었다.

이시자카기념재단이 경제단체연합회를 통해 이 강연 의뢰를 해왔을 때, 나는 처음에 얼마간 당황스러웠다. 아무튼 나는, 태어난 이래 60여 년, 경제인이라 불리는 사람들과 여태껏 직접 관계를 한 적이 없었으므로 조금 과장해서 말하자면 미지의 나라로 떠나는 듯한 기분이었다. 그쪽 사정을 꿰고 있는 보통의 전문학회나 연구회, 강연회 등에 모인 사람들과는 완전히 성질이 다른 청중을 향해 강연을 해서 과연 어떤 결과가 나올지 전혀 짐작조차 할 수 없었다. 이슬람 문화를 말한다 하더라도, 이슬람 문화의 어떤 측면을 어떤 식으로 말하는 게 제일 적절한지도 알 수 없었다. 게다가 듣는 이에 따라 얼마든지 화제나 화법을 바꿀 수 있는 재간도 내게는 없었다.

하지만 '문화·교육 면에서 국제 교류를 통해 일본과 여러 외국의 상호 이해와 우호·친선을 증진하는 것을 목적으로 삼는다'는 이시자카기념재단의 취지에는 근본적으로 찬성이었고, 게다가 근대 아카데미즘의 가장 두드러진 특징이라고도 할 수 있는 학계의 극단적인 전문화 또는 세분화 경향에 평소 반대하며 학문 여러 분야의 자유로운 교류, 학문의 국제화와 학제화學際化가 필요하다고 말해온 나로서는, 이 기회에 지금에 와서는 얼마간 눈에 익숙해져버린 감도 없지는 않은 이슬람을, 새로운 청중을 의식함으로써 무언가 새로운 각도에서 신선한 눈으로 다시 볼 수도 있지 않을까 하는 마음도 있어, 내가 맡을 일이 아닌 줄 알면서 감히 맡게 됐다.

과연 내 희망대로 조금은 새로운 빛을 비추어 이슬람 문화의 구조를 밝혔는지 어쩐지, 성과의 정도는 나로서는 알 수 없다. 다만 예상했던 것보다 훨씬 열성적이고 진지한 다수의 사람들과 언어를 통해 교류하는 열기 속에서 나 자신이 무언가를 배우고, 무언가 가르침을 받은 것만큼은 분명하다. 그런 의미에서 내게 이 강연은 매우 의미 있는 경험이었다.

첫 번째 강연 시작 부분에서도 말했지만, 우리 일본인은 기묘하게도 예부터 이슬람에 대해서 대개 냉담하거나 무관심하게 지내왔다. 학문적으로도 중국학이나 불교학 등과 어깨를 견줄 만한 높은 수준의 이슬람학은 아직 일본에는 없다.

일반적으로 이슬람에 대한, 아니 그보다는 중근동이라는 이슬람 문화권에 대한 우리의 관심이 급격하게 진지해지기 시작한 것은 요 몇 년 전의 이른바 '오일 쇼크' 이후의 일이다. 아랍·이스라엘 분쟁, 이란의 호메이니 '혁명', 이란·이라크 전쟁 등 일본의 국제정치나 경제생활을 뒤흔드는 사건이 세계의 이 지역에서 잇따라 일어나자, 일본도 이제까지 해온 것처럼 중근동의 사태를 남의 일이라고 차갑게 거리를 두고 바라볼 수 없게 됐다. 게다가 전 세계가 휩쓸려 들어가려 하는, '지구사회화地球社會化'로 가는 도도한 조류 속에서 일본과 이슬람 여러 나라는 더 이상 그렇게 멀리 떨어져 있지 않았다.

하지만 그럼에도 중근동에 대한 일본의 이 관심은 지금으로서는 대체적으로 현재 당면한 정세, 시국에 대한 요구에서 온 것이어서 중근동이라는 거대한 이슬람 세계 구조가 발하는 활력의 원천을 이루는 종교로서의 이슬람 또는 문화로서의 이슬람의 밑바탕을 탐구하고 나아가 그것을 통해 이슬람 세계의 현실이 어떻게 움직이는지 이해하려는 단계에는 아직 이르지 못했다.

중근동 정세에 대한 관심, 흥미를 나도 경시하지는 않는다. 그러나 과거 몇백 년 동안 광대한 중근동에서 무수한 인간이 살아간 방식을 근본적으로 채색하고 그 사회적, 개인적 존재 양식을 규제해온 이슬람 자체를 올바르게 이해하는 작업이 없다면, 거기에서 생기生起하는 시국적 사건이나 사태를 이해하는 일조차 표면적이고 깊이가 없는 것이 돼버리지 않을까 싶다.

길고 빛나는 전통을 배후에 걸머지고 있으면서, 어지럽게 변화하는 복잡한 국제관계로 얽혀 있는 세계사적 무대위에서 중요한 역할을 지금도 여전히 담당하고 있는 아시아 서쪽 끝의 이슬람 문화에 대해, 나는 아시아 동쪽 끝의 문화를 담당하는 일본에서도 학문적이든 시국적이든 일본인의 독자적인, 참으로 일본적이라고 부를 수 있는 깊이 있는 이해가 생겨나도 좋을 것이라 생각한다.

대강 그러한 관점에서 나는 이 강연에서 이슬람 문화에서 밑바탕에 속한 것, 이슬람 문화의 정신이라 부를 만한 것을 몇 가지 측면에서 분석해보려 했다. 이슬람 및 이슬람 문화를 올바르게 이해하기 위해서는 개설, 개론풍의 일반적 서술도 필요하겠지만, 그보다 먼저 이슬람 문화를 참으로 이슬람적이게 만드는 살아 있는 정신을 파악하는 것이 더욱 중요하다고 생각했기 때문이다.

그렇다 하더라도 이슬람 문화의 구조는 다층적인 동시에 다원적이고, 그 역사는 길며, 그 지역은 넓다. 예를 들어 이슬람 문화의 가장 두드러진 특징이라 생각되는 것만을 골라내어 거기에 설명을 집중한다 하더라도, 겨우 세 차례, 3시간 내외의 강연에서 그것들 모두를 다 논하는 일은 도저히 가능하지 않다. 나중에 보충했다고는 하지만, 본서에 많은 결함이 있음을 다 가릴 수도 없다. 다만 이 불완전한 서술을 통해서 이슬람이라는 것을 어떻게 이해하면 좋을지, 첫걸음을 어느 방향으로 잡을지에 대해 관심 있는 독자가 약간이라도 얻을 점이 있었다고 느끼셨다면, 나로서는 더할 나위 없는 다행이겠다.

짧은 후기를 마치기 전에, 무엇보다 먼저 이러한 강연 기회를 주신 이시자카기념재단 관계자들에게 마음으로부터 감사의 뜻을 표하고 싶다. 강연이 끝난 뒤의 질의응답에서 사회를 맡아주신 이토 슌타로(1930~ . 일본의 과학사가科學史家·문명사가文明史家 - 역자 주) 교수에게 깊이 감사드린다. 그리고 본서 출판을 위해 강연의 처음 단계부터 시종일관 빈틈없는 배려를 아끼지 않은 이와나미서점『사상』편집자이자 친구 아이바 아쓰시 씨에게도 감사드린다.

초여름 가마쿠라에서

이즈쓰 도시히코

역자 후기

1. 이 책은 저자가 '이시자카 기념 강연 시리즈'에서 이슬람 문화에 대해 세 차례 강연한 것을 모은 강연집인데, 저자에 따르면 책으로 묶으면서 강연의 편의를 위해 쉬운 표현을 쓰거나 생략한 부분을 저자가 원래 말하려 했던 형태로 다듬고 보충했다고 한다(원 텍스트는 강연의 느낌을 살려 경어체를 썼지만, 한국어판에서는 출판사의 요청에 따라 평서체로 번역했다).

2. 이 책은 『이슬람 문화』라는 제목으로 1981년 이와나미서점에서 간행했고, 같은 출판사에서 1991년에 문고판으로 다시 펴냈다. 역자는 1981년 판을 저본으로 삼아 2007년에 『이슬람』(무우수)이라는 책을 출간한 적이 있는데, 이번에 번역 저본으로 삼은 것은 1991년 문고판이라 1981년 판에는 없고 문고판에만 있는 저자 후기를 새로 번역했고, 기존 번역서의 몇 가지 오류를 바로잡고 역자

주를 추가했다. 10여 년 사이에 한국어 문장에 대한 역자의 생각이 바뀐 부분이 있어 문장 표현을 다듬은 곳이 더러 있다.

3. 이전에 번역한 책이므로 원래는 작업이 수월해야 맞지만(문고판 저자 후기를 옮기고 역자 후기를 쓰는 것), 역자는 몇 년 전 이전에 작업한 모든 문서 파일을 망실한 터라 어쩔 수 없이 새로 입력해야 했다. 그것은 기이하다면 기이한 체험이었다. 2007년에 번역하면서 일본어로 읽고 번역한 뒤 교정하느라 한국어 번역문을 읽었다면, 2018년에는 한국어 번역문을 읽으면서 입력한 뒤 교정하느라 다시 한국어 번역문을 읽었다. 따져보면 같은 책을 일본어로 한 번, 한국어로 세 번 읽은 셈이다. 기이하게도 문서 파일을 제대로 간수하지 못해 헛수고를 했다는 느낌보다는, 덕분에 책을 제내로 이해하게 됐다는 느낌이 들었다. 네 번째 읽었을 때, 다시 말해 내가 번역한 문장을 입력한 뒤 교정하느라 그것들을 다시 읽었을 때 온전히 이 책을 이해하는구나 싶었다.

4. 역자는 고등학교 시절 가톨릭 신부 앤소니 드 멜로의 책『종교박람회 : 속뜻 그윽한 이야기 모음』(정한교 역, 분도출판사, 1983년)에서 수피라는 말을 처음 접했다. 이슬람 문화에 대해 아무것도 몰랐지만 거기에 나오는 수피들의 일화에는 왠지 잊히지 않는 어떤 강렬한 힘이 있었다. 30여 년이 지나 이즈쓰 도시히코의 책을 읽으면서 그 '잊히지 않는 어떤 강렬한 힘'이 어디에서 왔는지를 조금은 알 것 같았다.

5. 다치바나 다카시의 책에 나온, 저자에 대한 언급을 조금 인용하는 것으로 후기를 마치기로 한다. "그 사람(이즈쓰 도시히코)은 어학의 천재로 그리스어, 라틴어는 물론 히브리어부터 아랍어, 페르시아어까지 모든 언어를 할 수 있는 사람"이고 "이슬람 철학 분야에서 세계에서 손꼽히는 학자"이며 "이란에서는 페르시아 철학을 논할 때 이만한 학자는 전 세계 어디에도 없다고 해서 팔레비 국왕이 아예 연구소를 하나 만들어줄 만큼 대단한 후대를 받는" 사람으로 "진정한 언어의 천재"였다고 한다. 다치바나 다카시는 저자에 대해 이렇게 평했다. "때때로 뇌가 이상 발달을

보이면서 범인들은 생각조차 할 수 없는 일을 가볍게 성취하는 그런 이상 능력자가 여러 분야에 있곤 한데, 이즈쓰 선생도 그런 분 중 한 명일 겁니다.˝(다치바나 다카시 지음, 박성관 옮김, 다치바나 다카시의 서재, 문학동네, 2016, 227-229쪽에서 발췌 인용)

2018년 10월

옮긴이 조영렬

일본의 지성을 읽는다

001 이와나미 신서의 역사
가노 마사나오 지음 | 기미정 옮김 | 11,800원

일본 지성의 요람, 이와나미 신서!
1938년 창간되어 오늘날까지 일본 최고의 지식 교양서 시리즈로 사랑받고 있는 이와나미 신서. 이와나미 신서의 사상·학문적 성과의 발자취를 더듬어본다.

002 논문 잘 쓰는 법
시미즈 이쿠타로 지음 | 김수희 옮김 | 8,900원

이와나미서점의 시대의 명저!
저자의 오랜 집필 경험을 바탕으로 글의 시작과 전개, 마무리까지, 각 단계에서 염두에 두어야 할 필수사항에 대해 효과적이고 실천적인 조언이 담겨 있다.

003 자유와 규율 -영국의 사립학교 생활-
이케다 기요시 지음 | 김수희 옮김 | 8,900원

자유와 규율의 진정한 의미를 고찰!
학생 시절을 퍼블릭 스쿨에서 보낸 저자가 자신의 체험을 바탕으로, 엄격한 규율 속에서 자유의 정신을 훌륭하게 배양하는 영국의 교육에 대해 말한다.

004 외국어 잘 하는 법
지노 에이이치 지음 | 김수희 옮김 | 8,900원

외국어 습득을 위한 확실한 길을 제시!!
사전·학습서를 고르는 법, 발음·어휘·회화를 익히는 법, 문법의 재미 등 학습을 위한 요령을 저자의 체험과 외국어 달인들의 지혜를 바탕으로 이야기한다.

005 일본병 -장기 쇠퇴의 다이내믹스-
가네코 마사루, 고다마 다쓰히코 지음 | 김준 옮김 | 8,900원

일본의 사회·문화·정치적 쇠퇴, 일본병!
장기 불황, 실업자 증가, 연금제도 파탄, 저출산·고령화의 진행, 격차와 빈곤의 가속화 등의 「일본병」에 대해 낱낱이 파헤친다.

006 강상중과 함께 읽는 나쓰메 소세키
강상중 지음 | 김수희 옮김 | 8,900원

나쓰메 소세키의 작품 세계를 통찰!
오랫동안 나쓰메 소세키 작품을 음미해온 강상중의 탁월한 해석을 통해 나쓰메 소세키의 대표작들 면면에 담긴 깊은 속뜻을 알기 쉽게 전해준다.

007 잉카의 세계를 알다
기무라 히데오, 다카노 준 지음 | 남지연 옮김 | 8,900원

위대한 「잉카 제국」의 흔적을 좇다!
잉카 문명의 탄생과 찬란했던 전성기의 역사, 그리고 신비에 싸여 있는 유적 등 잉카의 매력을 풍부한 사진과 함께 소개한다.

008 수학 공부법
도야마 히라쿠 지음 | 박미정 옮김 | 8,900원

수학의 개념을 바로잡는 참신한 교육법!
수학의 토대라 할 수 있는 양·수·집합과 논리·공간 및 도형·변수와 함수에 대해 그 근본 원리를 깨우칠 수 있도록 새로운 관점에서 접근해본다.

009 우주론 입문 -탄생에서 미래로-
사토 가쓰히코 지음 | 김효진 옮김 | 8,900원

물리학과 천체 관측의 파란만장한 역사!
일본 우주론의 일인자가 치열한 우주 이론과 관측의 최전선을 전망하고 우주와 인류의 먼 미래를 고찰하며 인류의 기원과 미래상을 살펴본다.

010 우경화하는 일본 정치
나카노 고이치 지음 | 김수희 옮김 | 8,900원

일본 정치의 현주소를 읽는다!
일본 정치의 우경화가 어떻게 전개되어왔으며, 우경화를 통해 달성하려는 목적은 무엇인가. 일본 우경화의 전모를 낱낱이 밝힌다.

011 악이란 무엇인가
나카지마 요시미치 지음 | 박미정 옮김 | 8,900원

악에 대한 새로운 깨달음!
인간의 근본악을 추구하는 칸트 윤리학을 철저하게 파고든다. 선한 행위 속에 어떻게 악이 녹아들어 있는지 냉철한 철학적 고찰을 해본다.

012 포스트 자본주의 -과학·인간·사회의 미래-
히로이 요시노리 지음 | 박제이 옮김 | 8,900원

포스트 자본주의의 미래상을 고찰!
오늘날 「성숙·정체화」라는 새로운 사회상이 부각되고 있다. 자본주의·사회주의·생태학이 교차하는 미래 사회상을 선명하게 그려본다.

013 인간 시황제
쓰루마 가즈유키 지음 | 김경호 옮김 | 8,900원

새롭게 밝혀지는 시황제의 50년 생애!
시황제의 출생과 꿈, 통일 과정, 제국의 종언에 이르기까지 그 일생을 생생하게 살펴본다. 기존의 폭군상이 아닌 한 인간으로서의 시황제를 조명해본다.

014 콤플렉스
가와이 하야오 지음 | 위정훈 옮김 | 8,900원

콤플렉스를 마주하는 방법!
「콤플렉스」는 오늘날 탐험의 가능성으로 가득 찬 미답의 영역, 우리들의 내계, 무의식의 또 다른 이름이다. 융의 심리학을 토대로 인간의 심층을 파헤친다.

015 배움이란 무엇인가
이마이 무쓰미 지음 | 김수희 옮김 | 8,900원

'좋은 배움'을 위한 새로운 지식관!
마음과 뇌 안에서의 지식의 존재 양식 및 습득 방식, 기억이나 사고의
방식에 대한 인지과학의 성과를 바탕으로 배움의 구조를 알아본다.

016 프랑스 혁명 -역사의 변혁을 이룬 극약-
지즈카 다다미 지음 | 남지연 옮김 | 8,900원

프랑스 혁명의 빛과 어둠!
프랑스 혁명은 왜 그토록 막대한 희생을 필요로 하였을까. 시대를 살
아가던 사람들의 고뇌와 처절한 발자취를 더듬어가며 그 역사적 의
미를 고찰한다.

017 철학을 사용하는 법
와시다 기요카즈 지음 | 김진희 옮김 | 8,900원

철학적 사유의 새로운 지평!
숨 막히는 상황의 연속인 오늘날, 우리는 철학을 인생에 어떻게 '사용'
하면 좋을까? '지성의 폐활량'을 기르기 위한 실천적 방법을 제시한
다.

018 르포 트럼프 왕국 -어째서 트럼프인가-
가나리 류이치 지음 | 김진희 옮김 | 8,900원

또 하나의 미국을 가다!
뉴욕 등 대도시에서는 알 수 없는 트럼프 인기의 원인을 파헤친다. 애
팔래치아 산맥 너머, 트럼프를 지지하는 사람들의 목소리를 가감 없
이 수록했다.

019 사이토 다카시의 교육력 -어떻게 가르칠 것인가-
사이토 다카시 지음 | 남지연 옮김 | 8,900원

창조적 교육의 원리와 요령!
배움의 장을 향상심 넘치는 분위기로 이끌기 위해 필요한 것은 가르
치는 사람의 교육력이다. 그 교육력 단련을 위한 방법을 제시한다.

020 원전 프로파간다 -안전신화의 불편한 진실-
혼마 류 지음 | 박제이 옮김 | 8,900원

원전 확대를 위한 프로파간다!
언론과 광고대행사 등이 전개해온 원전 프로파간다의 구조와 역사를 파헤치며 높은 경각심을 일깨운다. 원전에 대해서, 어디까지 진실인가.

021 허블 -우주의 심연을 관측하다-
이에 마사노리 지음 | 김효진 옮김 | 8,900원

허블의 파란만장한 일대기!
아인슈타인을 비롯한 동시대 과학자들과 이루어낸 허블의 영광과 좌절의 생애를 조명한다! 허블의 연구 성과와 인간적인 면모를 살펴볼 수 있다.

022 한자 -기원과 그 배경-
시라카와 시즈카 지음 | 심경호 옮김 | 9,800원

한자의 기원과 발달 과정!
중국 고대인의 생활이나 문화, 신화 및 문자학적 성과를 바탕으로, 한자의 성장과 그 의미를 생생하게 들여다본다.

023 지적 생산의 기술
우메사오 다다오 지음 | 김욱 옮김 | 8,900원

지적 생산을 위한 기술을 체계화!
지적인 정보 생산을 위해 저자가 연구자로서 스스로 고안하고 동료들과 교류하며 터득한 여러 연구 비법의 정수를 체계적으로 소개한다.

024 조세 피난처 -달아나는 세금-
시가 사쿠라 지음 | 김효진 옮김 | 8,900원

조세 피난처를 둘러싼 어둠의 내막!
시민의 눈이 닿지 않는 장소에서 세 부담의 공평성을 해치는 온갖 악행이 벌어진다. 그 조세 피난처의 실태를 철저하게 고발한다.

025 고사성어를 알면 중국사가 보인다
이나미 리쓰코 지음 | 이동철, 박은희 옮김 | 9,800원

고사성어에 담긴 장대한 중국사!
다양한 고사성어를 소개하며 그 탄생 배경인 중국사의 흐름을 더듬어본다. 중국사의 명장면 속에서 피어난 고사성어들이 깊은 울림을 전해준다.

026 수면장애와 우울증
시미즈 데쓰오 지음 | 김수희 옮김 | 8,900원

우울증의 신호인 수면장애!
우울증의 조짐이나 증상을 수면장애와 관련지어 밝혀낸다. 우울증을 예방하기 위한 수면 개선이나 숙면법 등을 상세히 소개한다.

027 아이의 사회력
가도와키 아쓰시 지음 | 김수희 옮김 | 8,900원

아이들의 행복한 성장을 위한 교육법!
아이들 사이에서 타인에 대한 관심이 사라져가고 있다. 이에「사람과 사람이 이어지고, 사회를 만들어나가는 힘」으로「사회력」을 제시한다.

028 쑨원 -근대화의 기로-
후카마치 히데오 지음 | 박제이 옮김 | 9,800원

독재 지향의 민주주의자 쑨원!
쑨원, 그 남자가 꿈꾸었던 것은 민주인가, 독재인가? 신해혁명으로 중화민국을 탄생시킨 희대의 트릭스터 쑨원의 못다 이룬 꿈을 알아본다.

029 중국사가 낳은 천재들
이나미 리쓰코 지음 | 이동철, 박은희 옮김 | 8,900원

중국 역사를 빛낸 56인의 천재들!
중국사를 빛낸 걸출한 재능과 독특한 캐릭터의 인물들을 연대순으로 살펴본다. 그들은 어떻게 중국사를 움직였는가?!

030 마르틴 루터 -성서에 생애를 바친 개혁자-

도쿠젠 요시카즈 지음 | 김진희 옮김 | 8,900원

성서의 '말'이 가리키는 진리를 추구하다!

성서의 '말'을 민중이 가슴으로 이해할 수 있도록 평생을 설파하며 종교
개혁을 주도한 루터의 감동적인 여정이 펼쳐진다.

031 고민의 정체

가야마 리카 지음 | 김수희 옮김 | 8,900원

현대인의 고민을 깊게 들여다본다!

우리 인생에 밀접하게 연관된 다양한 요즘 고민들의 실례를 들며, 그
심층을 살펴본다. 고민을 고민으로 만들지 않을 방법에 대한 힌트를 얻
을 수 있을 것이다.

032 나쓰메 소세키 평전

도가와 신스케 지음 | 김수희 옮김 | 9,800원

일본의 대문호 나쓰메 소세키!

나쓰메 소세키의 작품들이 오늘날에도 여전히 사람들의 마음을 매료
시키는 이유는 무엇인가? 이 평전을 통해 나쓰메 소세키의 일생을 깊
이 이해하게 되면서 그 답을 찾을 수 있을 것이다.

이슬람 문화
- 그 밑바탕을 이루는 것 -

초판 1쇄 인쇄 2018년 11월 10일
초판 1쇄 발행 2018년 11월 15일

저자 : 이즈쓰 도시히코
번역 : 조영렬

펴낸이 : 이동섭
편집 : 이민규, 서찬웅, 탁승규
디자인 : 조세연, 백승주, 김현승
영업·마케팅 : 송정환
e-BOOK : 홍인표, 김영빈, 유재학, 최정수
관리 : 이윤미

㈜에이케이커뮤니케이션즈
등록 1996년 7월 9일(제302-1996-00026호)
주소 : 04002 서울 마포구 동교로 17안길 28, 2층
TEL : 02-702-7963~5   FAX : 02-702-7988
http://www.amusementkorea.co.kr

ISBN 979-11-274-1989-9 04910
ISBN 979-11-7024-600-8 04080

ISLAM BUNKA -SONO KONTEI NI ARUMONO-
by Toshihiko Izutsu
Copyright © 1981, 2018 by Keio University Press, Inc
First published 1981 by Iwanami Shoten, Publishers, Tokyo.
This Korean print form edition published 2018
by AK Communications, Inc., Seoul
by arrangement with Iwanami Shoten, Publishers, Tokyo.

이 도서의 국립중앙도서관 출판예정도서목록(CIP)은 서지정보유통지원시스템 홈페
이지(http://seoji.nl.go.kr)와 국가자료공동목록시스템(http://www.nl.go.kr/kolisnet)
에서 이용하실 수 있습니다. (CIP제어번호: CIP2018033793)

*잘못된 책은 구입한 곳에서 무료로 바꿔드립니다.